As Dores do Mundo

O livro é a porta que se abre para a realização do homem.

Jair Lot Vieira

Schopenhauer

As Dores do Mundo

O AMOR – A MORTE – A ARTE – A MORAL
A RELIGIÃO – A POLÍTICA – O HOMEM E A SOCIEDADE

Tradução
JOSÉ SOUZA DE OLIVEIRA

Copyright da tradução e desta edição © 2014 by Edipro Edições Profissionais Ltda.

Todos os direitos reservados. Nenhuma parte deste livro poderá ser reproduzida ou transmitida de qualquer forma ou por quaisquer meios, eletrônicos ou mecânicos, incluindo fotocópia, gravação ou qualquer sistema de armazenamento e recuperação de informações, sem permissão por escrito do editor.

Grafia conforme o novo Acordo Ortográfico da Língua Portuguesa.

1ª edição, 5ª reimpressão 2025.

Editores: Jair Lot Vieira e Maíra Lot Vieira Micales
Coordenação editorial: Fernanda Godoy Tarcinalli
Tradução: José Souza de Oliveira
Revisão: Fernanda Godoy Tarcinalli
Diagramação e Arte: Heloise Gomes Basso e Karine Moreto de Almeida

Dados Internacionais de Catalogação na Publicação (CIP)
(Câmara Brasileira do Livro, SP, Brasil)

Schopenhauer, Arthur
    As dores do mundo : o amor – a morte – a arte – a moral – a religião – a política – o homem e a sociedade / Arthur Schopenhauer ; tradução de José Souza de Oliveira. – São Paulo : Edipro, 2014.

    ISBN 978-85-7283-758-3 (impresso)
    ISBN 978-85-521-0050-8 (e-pub)

    1. Filosofia alemã 2. Schopenhauer, Arthur, 1788-1860 I. Título. II. Série.

13-10877   CDD-193

Índices para catálogo sistemático:
1. Filosofia alemã : 193
2. Schopenhauer : Filosofia alemã : 193

São Paulo: (11) 3107-7050 • Bauru: (14) 3234-4121
www.edipro.com.br • edipro@edipro.com.br
@editoraedipro   @editoraedipro

SUMÁRIO

NOTA BIOGRÁFICA   7

A influência de Schopenhauer   21

AS DORES DO MUNDO   23

O AMOR   39

I - Metafísica do amor   41

II - Esboço acerca das mulheres   70

A MORTE   81

A ARTE   87

A MORAL 97

I - O egoísmo 100

II - A piedade 104

III - Resignação, renúncia, ascetismo e libertação 107

PENSAMENTOS DIVERSOS 115
Sobre a religião, a política, o homem e a sociedade

A religião 117

A política 121

O homem e a sociedade 123

NOTA BIOGRÁFICA

Arthur Schopenhauer nasceu em Danzig (Prússia, atual Polônia), cidade livre, naquela época sob a tutela nominal da Polônia, no dia 22 de fevereiro de 1788. Foi o filho primogênito do negociante Heinrich Floris Schopenhauer e de Johanna Trosiener. Sua irmã, Adela, nasceu nove anos mais tarde, isto é, em 1797. A mãe do filósofo era filha de um conselheiro daquela cidade e tinha se casado com Heinrich, em 1785. Floris Schopenhauer era homem estimado pelos seus colegas; devido a seus negócios, havia viajado muito pela França e pela Alemanha; gostava da cultura clássica e das ideias das instituições liberais; possuía uma inteligência clara e ao mesmo tempo uma vontade tenaz, inflexível e predisposta a determinar-se por meio de decisões tão rápidas como irrevogáveis. Quando, em 1793, a Polônia desmembrou-se e Danzig foi anexada à Prússia,[1] privada de suas liberdades e privilégios (Floris, republicano até a medula, quando os revolucionários tomaram a Bastilha, entregou-se às vivas manifestações de entusiasmo), decidiu emigrar antes de submeter-se como um súdito mesquinho a uma monarquia absoluta. E realizou seu intento, ao custo de grandes perdas aos seus negócios, e fugiu com sua mulher e seu filho para Hamburgo, onde estabeleceu outra casa de comércio. Foi nessa cidade que começou a educação de Arthur.

---

1. O ducado da Prússia era uma dependência do reino da Polônia até o século XVII, e o reino da Prússia permaneceu como parte da Polônia até o reinado de Frederico II.

Aos nove anos, seu pai mandou-o para a França, na cidade de Havre, na casa de um armador correspondente de sua firma, chamado Gregorio Blésimare. Passados dois anos, deu provas de extraordinária capacidade receptiva para os idiomas, uma vez que aprendeu o francês com perfeição, língua pela qual conservou sempre uma predileção especial até o final de sua vida.

De volta a Hamburgo, seu pai obrigou-o a entrar para uma das mais famosas escolas da cidade: o Instituto Runge. Ali passou quatro anos, interrompidos por viagens constantes durante as quais visitou, em companhia de seu pai, Hannover, Praga, Dresde, Leipzig e Berlim. Ao reverso do que seu pai intencionara, essas viagens proporcionaram ao jovenzinho sentimentos diametralmente opostos às tendências comerciais. Foi durante essas viagens que Arthur tomou gosto pelas leituras e para a contemplação, desembocando numa vida intelectual que constituiu a mais forte inclinação de seu espírito.

Seu pai percebeu essa tendência, porém, demasiado sagaz para interpor-se abertamente contra a vontade do filho, e não querendo ceder como um vencido, pois era um homem que dificilmente retrocedia em seus propósitos, tratou de ganhar terreno, propondo-lhe que entrasse imediatamente num colégio para seguir estudos clássicos ou que empreendesse uma longa viagem pela Europa junto com sua mãe, prometendo, porém, que no seu regresso seguiria a profissão de comerciante. Arthur escolheu essa última fórmula e partiu. A primeira etapa da excursão, que durou dois anos, não foi muito agradável, pois enquanto os seus pais visitavam a Inglaterra e a Escócia, ele permanecia nove meses em Wimbledon, numa pensão dirigida pelo pastor protestante Lancaster, onde aprendeu o inglês com tanta perfeição como antes aprendera o francês quando estivera em Havre. Depois de dois meses partiu para Paris, onde visitou museus, teatros, espetáculos e diversões; esteve em Bordeaux, Montpellier, Nimes, Marselha, Toulon, Ilhas Hyeres, Lyon, Chamounix, Viena, Dresde e Berlim.

De Berlim, enquanto seu pai voltava a Hamburgo e a sua mãe dirigia-se para Danzig, foi preparado rapidamente e confirmado na igreja pelas águas do batismo. Este foi o último ato religioso de sua vida; os seus pais, que eram indiferentes à matéria religiosa, no que estavam perfeitamente de acordo, não atribuíram a menor importância. De Danzig foi reunir-se com o seu pai em Hamburgo e, consequentemente, como havia prometido, entrou em 1805 no escritório de um comerciante da cidade, o senador Jenisch. Não foi, porém, um empregado padrão. Seu pai, como esperto conhecedor de homens, equivocou-se redondamente com ele. As viagens, em lugar de despertar no jovem Arthur o gosto instintivo pelo comércio, serviram-lhe para desenvolver o sentimento de contemplação da natureza e uma insaciável curiosidade de ver, saber, compreender e abranger tudo o que naturalmente não podia satisfazê-lo, como os frios e insípidos livros de caixa e as monótonas operações burocráticas.

No seu currículo declara, não sem vaidade, essa aversão pelos negócios: "*Me pejor nullus unquam inventus est mercatorius scriba.*"[2]. Não temos sequer que anotar que, de quando em quando, dava uma escapada. Foi assim que assistiu às famosas conferências sobre a frenologia,[3] que Gall, o seu inventor, pronunciava, então, em Hamburgo.

Em abril daquele mesmo ano, um acidente imprevisto veio devolver-lhe a liberdade: a morte de seu pai. Floris Shopenhauer caíra da janela de sua casa no canal e, em consequência disso, falecera. Não se pôde verificar se o acidente fora casual ou se fora um suicídio. Talvez, esta última versão seja a verídica. A diminuição rápida da fortuna, em consequência da liquidação desastrosa dos seus negócios em Danzig, a guerra do Consulado e, finalmente, as faustosas viagens que fizeram, dão muito que pensar. O acontecimento, porém, teve para ele uma manifestação oposta. A sua mãe, inteligência aberta e culta, conservadora aguda, mulher dotada de um vivo e insatisfeito sentimentalismo artístico, correu com sua filha Adela para morar em Weimar, onde a presença de Goethe sustentava uma sociedade literária e elegante muito em harmonia com os seus gostos e aspirações. O jovem, então, impetuoso como o pai, seguiu para Hamburgo, a fim de solver os seus negócios. A empresa, porém, era mais forte do que a sua vontade, de modo que, ao fim de algum tempo de inúteis e penosos sacrifícios, decidiu, animado pelos conselhos de sua mãe e do bibliotecário Fernow, a empreender tardiamente (tinha dezenove anos) os estudos clássicos.

Por ordem de sua mãe instalou-se em certo ginásio de Gotha, longe algumas léguas de Weimar, a fim de que não turbasse com seu gênio a sociedade que a mãe havia composto em seu redor. Uns versos satíricos que escarneciam dos professores indispuseram o rapaz com o diretor, Doring, que o convidou para que se retirasse do colégio.

---

2. "Sinto-me menos que nada, quando em algum lugar, me vejo administrador de negócios." (N.T.)

3. A frenologia é um campo de estudo extinto, desenvolvido pelo médico alemão Franz Joseph Gall, que afirmava ser capaz de determinar faculdades, o caráter, características da personalidade e, portanto, traços de criminalidade por meio da forma da cabeça.

Essa decisão contrariou enormemente sua mãe, cujo salão em Weimar era o ponto de reunião de todos os homens eminentes da cidade; indivíduos como Fernow, Wieland e sobretudo Goethe davam inusitado esplendor a suas festas. Contudo, temeu que o caráter áspero de Schopenhauer fosse desbotar aquelas reuniões tão alegres. Escreveu, então, ao filho: "Não posso estar de acordo contigo em tudo o que concerne a tua vida externa". Consentiu, não obstante, que ele viesse para Weimar. Não quis, porém, que ele vivesse na mesma casa. Remeteu-o para o professor Pasow, fazendo-lhe compreender que não era conveniente deixar-se ver frequentemente por ali.

Em Weimar, o jovem entregou-se ao estudo das línguas clássicas com tal ardor que em menos de dois anos ganhou o tempo perdido, encontrando-se em condições de passar do ginásio para a universidade. Mais tarde aprendeu também o italiano e o espanhol.

Esse acontecimento coincide com a sua idade maior: vinte e um anos (1809). Logo depois de receber a parte correspondente da herança paterna, inscreveu-se na Universidade de Goettingue. Abriu-se, então, a época mais fecunda de sua vida. Num período de dez anos acabaria por formar rapidamente o seu espírito. Apesar do estudo incessante, não se despreocupava de escrever a maior parte de sua obra.

Inscrito na Faculdade de Medicina da universidade, a abandonou logo (cursando anatomia com Hampel e anatomia comparada com o célebre Blumembach), para consagrar-se à filosofia pura. Não obstante, tirou destes primeiros estudos, especialmente da biologia, grande partido para a sua teoria do querer viver.

O caderno de anotações onde eram registrados os livros emprestados pela universidade aos seus alunos, que se conserva e que dá precioso testemunho das oscilações de seu espírito inquieto, fala claramente da vocação de nosso estudioso para com a medicina, as letras, enfim, a filosofia. Durante o primeiro semestre de sua permanência na universidade, leu Tácito, Horácio, Lucrécio, Heródoto e Apuleio. Na primavera de 1810, inscreveu-se na Faculdade de Filosofia, porém sua vocação não havia explodido; seu espírito, insatisfeito e enorme, ia de um lado para outro, antes da cristalização definitiva. De 1º de maio a 4 de agosto, pediu sempre o *Specimen archeologiae telluris*, de Blumenbach, a *Matéria médica*, de Lineu, os *Epigramas*, de Marcial e, ao terminar o semestre, só então é que leu Schelling e Platão. Foram os momentos em que a sua vocação norteou-se. Durante os dois semestres de 1810-1811, quase não leu, a não ser Shakespeare e diversas obras de filosofia: Platão, Aristóteles, Kant, *A história da filosofia*, de Tenneman e a de Schulze. Schulze era o autor de uma defesa do ceticismo contra as pretensões da *Crítica da razão pura*, de Kant, publicada em 1792, com o nome de *Aenesidema*.

Na realidade, esse filósofo era medíocre, porém mostrara tanta clarividência que denunciara, magistralmente, o ponto fraco e o lado inconsequente do kantismo. Kant restringe o mundo dos fenômenos ao uso do princípio da razão suficiente sob a tríplice forma: princípio de substância, de causa e de reciprocidade. Abandona, porém, suas premissas ao admitir "afecção", uma verdadeira causalidade do *numem*[4] sobre a coisa em si. Logicamente, o criticismo deveria levar no que concerne ao absoluto, ao ceticismo puro. Era esta, em síntese, a crítica de Schulze,[5] um tanto simplista, mas surpreendente do ponto de vista em que se colocara, e que lhe valera a denominação de Schulze-Aenesidema, que conservou até os nossos dias.

Não obstante a sua fama, a impressão que Schulze causou no espírito de Schopenhauer não foi muito favorável. As notas e impressões daquela época demonstraram-no com excessiva violência e rudeza de tom: "Que besta infernal! Que bruto este Schulze!".

Mais tarde porém, reconheceu nele "o mais penetrante dos adversários de Kant". E certamente, se Schulze não ensinou muita coisa ao seu irrequieto aluno, fez-lhe simplesmente dois favores: o primeiro foi traçar-lhe um programa de estudos que influiu enormemente no desenvolvimento de suas ideias, ao aconselhá-lo que, para iniciar-se em filosofia, estuda-se conjuntamente Platão e Kant.

Pouco depois, escrevia Schopenhauer em seu caderno de notas a seguinte notícia a propósito de Platão e Kant: "A identidade destas duas grandes e obscuras doutrinas é um pensamento fecundo que chegará a ser uma das bases essenciais de minha filosofia". Verdadeiramente, Platão e Kant e a antiga sabedoria indiana haveriam de ser brevemente os elementos inspiradores de seu sistema. O segundo serviço foi pô-lo, graças às objeções formuladas por Schulze contra o kantismo, sobre o caminho da crítica que deveria unir mais tarde, à guisa de comentários, à sua própria doutrina.

---

4. "*Numem*" significa sentimento de ser criatura, impotente perante a divindade e sentimento de passividade e aceitação do que os deuses fazem; conformismo perante as intervenções divinas. (N.E.)

5. Refere-se a Gottlob Ernst Schulze, considerado por muitos a maior representação do ceticismo. (N.E.)

Da Universidade de Goettingue passou à de Berlim, seguindo o costume dos estudantes da época em frequentar mais de uma universidade. Para lá partiu levando uma carta de Goethe, conseguida por intermédio de sua mãe, endereçada ao grande filósofo Wolff.

Três grandes filósofos brilhavam, então, na Universidade de Berlim: Hegel, Fichte e Schleiermacher. Deve-se notar que o rapaz não assistiu aos cursos de filosofia de Hegel, filosofia pela qual mais tarde teria ojeriza e repulsa fundamentais.

Hoje, que os tempos estão mudados, apreciamos as invectivas de Schopenhauer contra Hegel, diz W. Durant; o neorrealismo matou o renascimento do hegelismo e da filosofia idealística. Schopenhauer assistiu às aulas de Fichte e de Schleiermacher e, com o primeiro, sustentou em conversações privadas vivas controvérsias. Desejoso de completar a sua cultura literária e científica, ouviu as conferências de F. Aug. Wolff, célebre comentarista de Homero; as do astrônomo Bode;[6] as do naturalista Lichtenstein; as do fisiólogo Horkel e também não se descurou de frequentar o anfiteatro onde Rosenthal fazia as suas célebres dissecações.

Estava a ponto de concluir o doutorado e, para isto, havia começado a escrever a tese que serviria para confirmar o título, quando os acontecimentos tomaram um caminho inesperado, interrompendo o seu trabalho. O imperador da França, Napoleão I, desejando conquistar a Europa, tratou primeiramente de romper o nó forte da Tríplice Aliança, e de isolar a Prússia. Mas Schopenhauer, não sentindo o menor entusiasmo militar, indiferente à febre de patriotismo que levantava a Alemanha inteira contra Napoleão, ao calor febril dos discursos e manifestações de Körner e de Fichte, fugia da tormenta, escondendo-se em Rudolstadt, aprazível aldeia da Turíngia. Enquanto a Alemanha lutava contra o inimigo, ele terminou a sua tese de doutorado, a "Sobre a raiz quádrupla do princípio da razão suficiente". Isso se passou na primavera de 1813. Nessa época, ele escreveu essas linhas, que refletem o estado de seu espírito:

> Minha alma estava, então, invadida pela angústia e pela tristeza. A causa disso era que eu via como a minha vida deslizava no meio de circunstâncias que reclamavam outros motivos distintos daqueles cujo germe sentia nascer em mim. No meu retiro de Rudolstadt, pelo contrário, fiquei seduzido desde o primeiro instante pelo encanto indescritível da paisagem. Detestava tudo quanto se relacionasse com a guerra. Neste vale isolado por

---

6. Johann Elert Bode (1747-1826) foi um astrônomo alemão. Determinou a órbita de Urano, nome que ele mesmo sugeriu.

todas as partes, graças aos seus desfiladeiros, fui feliz por não ter visto em época tão terrível um só soldado e por não ter ouvido uma só vez o repicar dos tambores.

Logo que terminou a tese, enviou-a para a universidade mais próxima, a de Hierna – pois mandá-la à de Berlim em trânsito tão precário seria arriscar-se a perdê-la –, e no dia 2 de outubro, recebeu o seu diploma de doutor. Poucos dias depois, a tese saía impressa na própria aldeia de Rudolstadt.

Um mês mais tarde, em novembro de 1813, mudou-se para Weimar, na casa de sua mãe, com quem se reconciliara, uma vez que ela sentiu-se orgulhosa com a titulação do jovem. Ali permaneceu até maio de 1814, quando, desgostoso com ela, transladou-se para Dresde. Nunca mais tornaram-se a ver. A mãe de Schopenhauer desfrutava fama de grande novelista – muitos de seus livros foram editados por Brockhaus e reimpressos várias vezes. Conta-se que, quando o jovem Arthur azedava com a mãe, dizia-lhe que o seu nome seria conhecido na história por meio de sua filosofia. A mãe sorria com superioridade. Mas estava profundamente enganada, porque o seu nome só foi conhecido pelas gerações seguintes por intermédio do próprio filho. Ela morreu em 1838.

O mais interessante de sua passagem por Weimar foi a relação que entabulou com Goethe. O grande poeta e criador do *Fausto* fixou a sua atenção no jovem, por causa da leitura de sua tese de doutorado. Goethe o encontrou nos salões da casa de sua mãe em princípios de novembro, e convidou-o para que fosse a sua casa. A consequência da visita e da troca de ideias surpreendeu o escritor do *Werther*, que sentiu uma extraordinária e viva prova de inteligência dada pelo jovem; e escreveu, então, estas linhas a Knebel:

> O jovem Schoppenhauer (com essa ortografia) me parece um homem bastante notável e interessante... Ocupa-se com penetrante clareza em embrulhar-se com a coberta de nossa filosofia moderna. Creio que tem aptidões e disposições para fazê-lo. Veremos se os amos do albergue permitirão que ele entre em seu lugar privado. De minha parte, o acho muito espiritual.

Note-se como se comprovava a afirmação de que, anos depois, havia de fazer o próprio Schopenhauer. Por isso, ele, espírito genial, foi reconhecido e apreciado pelo grande poeta alemão, por um outro gênio, se bem que o seu talento ainda estivesse em formação. Mas, quantos anos não teriam de passar ainda para que o seu gênio fosse apreciado universalmente!

O nome do jovem doutor apareceu nove ou dez vezes no diário do grande homem de letras, entre novembro de 1813 e fevereiro de 1814, em razão de conversações científicas sustentadas entre ambos.

Foi Goethe que aconselhou a Schopenhauer a se aprofundar na teoria das cores, da qual já havia feito alguns ensaios. Conta-se que, um dia, aproximando-se de uma janela, o jovem começou a contemplar o céu, em atitude melancólica e abstrata. Algumas moças que perceberam essa atitude romântica e filosófica do jovem puseram-se a rir. Goethe, então, interveio, afirmando que aquele jovem taciturno um dia iria sobressair a todos os demais. O grande poeta, com a clarividência do gênio, pareceu antever no jovem algo de extraordinário. Uma carta extraída do *Diário de Otília*, de Goethe, para Adela, participava-lhe que o seu ilustre sogro se entregava com o mais vivo interesse à leitura de *O mundo como vontade e representação*.

Antes de Arthur partir de Weimar, para nunca mais voltar, apresentou a Goethe um caderno em branco, rogando-lhe que imprimisse ali, com o seu punho, uma recordação pessoal. O poeta escreveu o famoso dístico, no qual seu espírito penetrante e bondoso lhe quis dar uma lição paternal:

Willst du dich deines Werthes freìden,
So musst der Welt du Wert verleihen.[7]

A lição, porém, não foi ouvida. Schopenhauer devia a Goethe muito mais que conselhos. Recebeu dele, segundo declarara depois, "a graça". A estima do grande poeta e filósofo não só lhe consolou da ligeireza dos carinhos da mãe, mas veio confirmar-lhe a sua vocação, e acabou por despertar-lhe na consciência a sua genialidade. Das mãos do "divino Goethe" saiu filósofo.

Em 1813, Schopenhauer iniciou um relacionamento com o orientalista Majer, que lhe fez voltar os olhos para os escritos da Índia antiga, recentemente revelados à Europa. Essa relação não foi menos decisiva que a de Goethe para com a evolução mental do jovem pensador, pois com as suas propriedades elaborou as místicas convições do panteísmo dos filhos do Ganges, que chegariam a ser, dentro em pouco, o leito por onde correria a sua doutrina.

---

7. "Se queres desfrutar o próprio valor,/ concede, por sua vez, algum valor aos outros." (N.E.)

Tendo rompido definitivamente com sua mãe por causa de Gerstenberg, encaminhou-se para Dresde, onde passou quatro anos dedicados à meditação do sistema filosófico que, pouco a pouco, ia se cristalizando em sua mente, segundo declarara, sem intervenção voluntária e consciente de sua parte. Anotara em um manuscrito, em 1849:

> As folhas escritas em Dresde durante os anos de 1814-1818 dão o testemunho da fermentação de meu pensamento. Toda a minha filosofia brotou, então, avançando pouco a pouco, como uma paisagem formosa que aparecia entre as brumas das montanhas. É notável que, já em 1814, com 27 anos, todos os dogmas de meu sistema, incluindo os secundários, estivessem já estabelecidos.

No segundo semestre de 1814, Schopenhauer consignava em suas notas as ideias capitais que haviam de constituir os pilares de sua filosofia: *a representação submetida ao princípio de razão; a objetivação da vontade; identidade da vontade e da coisa-em-si; negação da vida e da libertação pela supressão do querer; ilusão do prazer genésico* e tudo quanto havia de mais tarde se cristalizar em *O mundo como vontade e representação.*

Esse período foi verdadeiramente o mais feliz e fecundo de sua vida. Não obstante, as alegrias, os passeios pela Suíça saxônica, as amizades de que desfrutava não conseguiram desviá-lo do fim a que premeditava chegar.

Seguindo o conselho de Goethe, começou a estudar a teoria das cores. Em 1815, após um ano de sérias meditações, Schopenhauer acreditou lançar ao mundo o primeiro grão de seu sistema. Brindou o mundo culto com a sua teoria, *Sobre a visão e as cores.* Newton ensinara que a luz branca é composta por sete cores, segundo a sua experiência do disco. De onde, porém, provinham essas cores? Goethe, para resolver o problema, admitia que as cores não eram senão combinações de luz e de sombra, cujas diferenças provinham dos meios atravessados. Confirmamos que isso era mais uma opinião de poeta do que de um sábio; para essa afirmação necessitaria de lançar mão dos recursos experimentais. Schopenhauer inclinou-se, porém, para uma opinião completamente diversa. Não era nos meios exteriores, mas nos meios da atividade da retina, onde acreditava existir a diferença das cores. Essa é a tese que desenvolveu na sua segunda obra: *Sobre a visão e as cores.*

Composto o manuscrito, em julho de 1815, enviou-o para Goethe. Esperou em vão que o poeta de Weimar lhe desse a sua opinião. O esperado juízo não chegou, e no ano seguinte deu a lume o livro sem experimentar o prazer que tanto desejava. Por causa dessa tese, a amizade dos dois esfriou-se, mas prosseguiu cambaleante.

Publicada a *Teoria das cores*, entregou-se inteiramente à grande obra que, em março de 1818, ficou pronta, a qual entregou nas mãos do célebre editor Brockhaus. Em setembro do mesmo ano, devido ao seu grande esforço cerebral, mudou para a Itália, levando uma carta de apresentação de Goethe para Byron.

No fim de dezembro, aparecia *O mundo como vontade e representação*. Pouco se sabe dessa viagem (Reisebuch); é antes um diário de viagens, um amontoado de notas filosóficas de caráter geral, independentes umas das outras, de escasso valor e que não nos traz nenhuma luz sobre a época, as circunstâncias em que foram escritas, sobre a vida e impressões do autor. Sabe-se, por elas, que alcançou Veneza, por Viena e Trieste; depois Florença, Bolonha e Roma, onde passou o inverno. Em março, estava em Nápoles, a partir de onde voltou para a Cidade Eterna, em abril, e desta encaminhou-se novamente para Veneza.

Não se conservou nenhuma carta dessa época, a não ser as respostas de sua irmã Adela. Por uma delas sabemos que amou a uma jovem "rica e de boa família"; amou-a com tamanha intensidade que não quis apresentar a Byron a carta que havia recebido de Goethe. Ele mesmo relata o sucedido com um sabor todo especial:

> Passeava pelo Lido com a minha amada, quando a minha Dulcinéa exclamou, presa da mais viva agitação: "*Ecco il poeta inglese!*".[8] Byron passou diante de mim montado num cavalo, a galope, e a "donna" durante todo o dia não pôde esquecer a impressão que lhe causara a figura do poeta. Foi então que decidi não apresentar a carta de Goethe: "tive medo dos cornos!".

De Veneza, passou a Milão, onde recebeu uma carta desagradável de sua irmã comunicando-lhe que a casa Bulh, de Danzig, onde estava depositada integralmente a fortuna de sua mãe e a de sua irmã, havia quebrado. Arthur respondeu que estaria disposto a repartir o dote com a irmã, e apressou-se em voltar para a Alemanha. Pôs-se a caminho, parou alguns dias em Weimar, onde viu duas vezes Goethe, e chegou em Dresde disposto a arranjar os seus interesses com a casa quebrada. Depois de empenhada discussão, negou-se a entrar na reunião de credo-

---

[8]. Eis aqui o poeta inglês!

res que aceitavam como solução mais favorável o recebimento de uma terceira parte de seus haveres. Mas Schopenhauer gritou, esbaforiu, não aceitou e foi tão feliz na sua teimosia que, dois anos depois de a casa ter normalizado os seus negócios, recebeu integralmente o capital.

Enquanto se discutia os negócios, devido à diminuição considerável das rendas, Schopenhauer lançou mão da docência. Para esse fim, dirigiu uma petição à Faculdade de Filosofia de Berlim, solicitando a abertura de um curso privado. Em 24 de março de 1820, sustentava em tese de admissão, espécie de lição de ensaio, que versou sobre "as quatro diferentes classes de causas", prova que triunfou refutando vitoriosamente Hegel; poucos dias depois inaugurava, com o título de professor titular (*privat-docens*), um curso de cinco horas semanais "sobre a filosofia em geral, isto é, sobre a essência do mundo e sobre o espírito humano".

O resultado dessa tentativa não poderia ter sido mais mortificante para o seu orgulho. Foi um fracasso completo. As suas aulas não duraram mais que um semestre. Tudo em volta dele era desespero. Suas teorias filosóficas não conseguiram vencer na cátedra, nem nos livros, a não ser um elogio entusiasta do filósofo J. P. Richter, que lhe consagrou algumas linhas. Nessa contingência, fugiu para a Itália, em 1822.

Ao regressar para a Alemanha, em Munique, onde passou o inverno de 1824, sofreu um baque na saúde. No ano seguinte, foi chamado a Berlim em razão de um processo. Em 1827, sofreu novo revés da fortuna, ocasionado pela compra de títulos do governo mexicano que acabava de fundir-se na bancarrota. Até 1830 continuou em Berlim, sem que nada de novo viesse lhe turbar a monotonia da vida. Do período que vai de 1820 a 1830, a sua vida foi de uma esterilidade especial. Não obstante, estudou muito, anotou tudo, mas o seu cérebro não conseguiu cristalizar nada de novo. Em 1824, propôs a um editor a tradução de *The natural history of religion* e os *Dialogues on natural religion*, de Hume, e *De la causa, principio ed uno*, de Giordano Bruno. Pensou até em traduzir novelas inglesas... Essa tentativa não surtiu resultados. Em 1829, leu um artigo no *Foreign Review*, no qual o autor lamentava o seu sentimento por ser a obra de Kant inacessível ao público inglês; Schopenhauer escreveu uma carta magnífica para Francis Haywood, autor do artigo, propondo-lhe a tradução das obras de Kant, em inglês. Essa tentativa não deu os resultados esperados.

Traduziu a obra de Gracián, do espanhol: *El oráculo manual y arte de la prudencia*, não encontrando editor que aceitasse os originais. No ano seguinte ofereceu os seus serviços para A. de Vitry, a fim de colaborar nas traduções das obras de Goethe para o francês. Novo fracasso o esperava.

Em 1831, tendo se instalado a cólera na capital da Prússia, em meados da primavera, Schopenhauer decidiu abandoná-la. Em agosto, instalou-se em Frankfurt am Main, cidade que, segundo lhe disseram, jamais foi visitada por tão terrível mal.

Em Frankfurt foi onde encontrou um biógrafo – Gwinner; onde fez os primeiros discípulos; onde a atenção pública fixou-se nele. Ao cabo de tantos anos de espera, a fama abriu-lhe as portas para a glória e a imortalidade. Renunciou definitivamente o "demônio das viagens", o amor, a família, a docência, dedicou-se exclusivamente em terminar a sua obra e esperou gostosamente cair nos braços da popularidade. Assim, transcorreu a sua vida durante esses anos. Em 1836, mudou de casa, e foi residir à margem direita do Maine, num lugar chamado Bellevue. No ano anterior, fizera uma excursão pelas margens do Reno. Dali para diante não abandonou mais Frankfurt. Não foi mais a Bonn, onde viviam retiradas a sua mãe e a irmã. A sua vida transcorreu monótona, mas cheia de vivacidade interior: lia tudo, escrevia muito. Todos os dias, depois do almoço, dava um passeio a pé, assim como fazia Kant que, segundo diziam ao seu criado Lampe, podiam acertar o relógio pela matematicidade do passeio do grande criticista. Schopenhauer adornou a biblioteca com um busto de Kant, os retratos de Goethe e de Descartes, e um busto tibetano do qual ele gostava. Tinha por companheiro um cão chamado "Atma" porque amava muito os animais na mesma intensidade com a qual odiava aos homens. Quando via passar as águas do rio, na sua mansidão, modulava na flauta algumas melodias ou sinfonias de Haydn e canções italianas aprendidas no azar dos tempos passados.

Em 1833, teve a ideia de fazer uma segunda edição de *O mundo como vontade e representação*. Desde a publicação da primeira havia lido especialmente obras de história natural, biologia e meditava vagarosamente sobre o que lia. Tinha receio de lançar essa ideia, pois a primeira edição fora totalmente destruída por não ter sido vendida. Nessa contingência, reunia as notas que anteriormente havia feito e publicou um brilhante opúsculo intitulado *A vontade na Natureza*.

Ao inteirar-se de que dois professores de Königsberg, Rosenkranz e Schubert, pensavam publicar a edição completa das obras de Kant, escreveu-lhes em termos tão convincentes, demonstrando que Kant havia "inutilizado, deformado, estropiado" a sua própria obra na segunda edição, e que deveriam tomar cuidado em servir-se dela. Oferecia-lhes um estudo que havia feito de ambas as edições, a primeira e a segunda e até um índice das erratas e falhas de impressão dos *Prolegômenos a toda metafísica futura* e da *Crítica da razão pura*. Todas as suas correções e observações foram aceitas, com grande satisfação de seu amor-próprio. Pode-se dizer que a edição das obras de Kant saíram mais perfeitas do que nunca, graças a sua intervenção.

A segunda alegria não se fez esperar. No ano de 1839, a Academia de Ciências da Noruega abriu um concurso para premiar um trabalho sobre o tema: "A liberdade da vontade". Schopenhauer enviou uma dissertação que foi premiada, recebendo ao mesmo tempo o título de membro daquela organização. Não obstante, uma segunda tese levada a concurso pela Sociedade Dinamarquesa de Ciências foi refugada, porque alegaram que o autor deixou-se arrastar pela violência da linguagem contra os professores de filosofia, principalmente Schelling e Fichte. Ambos os trabalhos apareceram no ano seguinte sob o título comum de *Os dois problemas fundamentais da ética*. Depois disso, durante três anos, preparou em silêncio o segundo volume de *O mundo como vontade e representação*. Era um novo tomo, uma espécie de coleção de provas que havia tirado de suas leituras e que vinham confirmar a tese fundamental de sua filosofia. Escreveu novamente para Brockhaus, que se negou a imprimir a obra. Por fim, depois de uma exurrada de cartas o editor cedeu à resistência e a obra apareceu em 1844, em Leipzig, enriquecida com o volume complementar.

Três anos depois, reeditou a sua tese de doutorado ("Sobre a raiz quádrupla do princípio da razão suficiente"). Nem esta e nem aquela conseguiram romper o gelo. Pensando que a sua dialética fosse inacessível ao grande público, começou a compor umas notas breves e reflexões sobre a vida, observações das leituras feitas nos tempos passados. Daí apareceu o *Parerga e Paralipomena*, que não conseguiu aceitação de nenhum editor. Graças à intervenção de um de seus mais entusiastas discípulos, Frauenstaedt, a obra foi lançada em Berlim.

Com essa obra de amarguras, a glória veio-lhe às mãos. Discípulos e admiradores se multiplicavam; o seu nome se espalhava pelo mundo;

revistas alemãs e estrangeiras começavam a proclamar o seu nome. A Faculdade de Leipzig abriu um curso para explicar a sua filosofia; artistas famosos corriam a Frankfurt plasmar seus elogios; Elizabeth Ney modelou o seu busto; Wagner dedicou-lhe um exemplar de seu "Ring" com "veneração" e "gratidão"; protestos de admirações; banquetes; flores em seus aniversários; a curiosidade geral, tanto tempo adormecida, agora ficava pasmada em vê-lo passar pelas ruas de Frankfurt; viajantes que chegavam especialmente para sentar-se com ele na mesa redonda do Hotel da Inglaterra. Era a glória enfim, a glória tão almejada e tão esperada! W. Durant disse que Schopenhauer no fim da vida quase virou otimista.

Arthur Schopenhauer morreu no dia 4 de setembro de 1860, de uma congestão pulmonar. Extinguiu-se sem sofrimento, sentado no seu sofá debaixo do retrato de Goethe. Pensavam que ele estava dormindo, mas quando observaram-no certificaram-se de que havia expirado.

No cemitério de Frankfurt, onde foi enterrado, existe uma lápide de mármore negro, tal como foi a sua vontade, oferecendo à curiosidade do emocionado visitante apenas estas duas palavras: *Arthur Schopenhauer*.

A influência de Schopenhauer

Nesta breve biografia, podemos agregar que a influência da filosofia de Schopenhauer foi grandiosa em todos os ramos: na ciência, na filosofia e na literatura. A sua filosofia minou todo o romantismo do século XIX.

O seu intuitivismo serviu como material para Bergson compor a sua filosofia, bem como a sua obra *Evolução criadora* não é senão a vontade de Schopenhauer. As elocubrações do pessimista alemão deram nascimento à psicanálise de Freud, segundo o sarcasmo de Papini. Freud, porém, contesta essa afirmação. Contudo, na filosofia de Schopenhauer está contida embrionariamente a teoria pansexualista, bem como os conceitos do inconsciente, da neurose e do recalcamento.

Influenciou, também, nas conclusões da *teoria da relatividade*, cujo espírito filosófico, segundo conta o grande matemático Einstein, insuflou na finalidade da teoria (Ver: *Comment je vois le Monde*).

Obras consultadas:

WALLACE – *Life of Schopenhauer.*

J. B. BERGUA – *Notícia sobre Schopenhauer.*

W. DURANT – *The story of philosophy.*

ROMULO ARGETIÈRE – *A teoria da relatividade – Psicanálise e suas relações com a filosofia idealística. Ensaio.*

AS DORES
DO MUNDO*

---

*. O texto que compõe esta obra tem caráter fragmentário e antológico, e foi organizado provavelmente entre o final do século XIX e o início do século XX. Suas primeiras edições aparecem publicadas na França, na Espanha e em Portugal, e foram produzidas diversas impressões e reimpressões da obra até os nossos dias. Algumas passagens são oriundas, seguramente, da obra *Parerga e Paralipomena*; tantas outras foram compiladas de diversas outras obras do autor. (N.E.)

I

Só a dor é positiva – Tormentos da existência – O nada preferível à vida – O fim da filosofia não é consolar – O otimismo insustentável de Leibnitz – Pecado original – O mundo, um lugar de penitência

Se a nossa existência não tem por fim imediato a dor, pode-se dizer que não tem razão alguma de ser no mundo. Porque é absurdo admitir que a dor sem fim que nasce da miséria inerente à vida e enche o mundo seja apenas um puro acidente, e não o próprio fim. Cada desgraça particular parece, é certo, uma exceção, mas a desgraça geral é a regra.

Assim como um regato corre sem ímpetos enquanto não encontra obstáculos, do mesmo modo, na natureza animal, a vida corre inconsciente e descuidosa quando coisa alguma se lhe opõe à vontade. Se a atenção desperta, é porque a vontade não era livre e se produziu algum choque. Tudo o que se ergue em frente da nossa vontade, tudo o que a contraria ou lhe resiste, isto é, tudo o que há de desagradável e de doloroso, sentimo-lo ato contínuo e muito nitidamente. Não nos atentamos à saúde geral do nosso corpo, mas notamos o ponto ligeiro onde o sapato nos molesta; não apreciamos o conjunto próspero dos nossos negócios, e só pensamos numa ninharia insignificante que nos desgosta. – O bem-estar e a felicidade são, portanto, negativos, só a dor é positiva.

Não conheço nada mais absurdo que a maior parte dos sistemas metafísicos, que explicam o mal como uma coisa negativa; só ele, pelo contrário, é positivo, visto que se faz sentir... O bem, a felicidade, a satisfação são negativos, porque não fazem senão suprimir um desejo e terminar um desgosto.

Acrescente-se a isso que, em geral, achamos as alegrias abaixo da nossa expectativa, ao passo que as dores a excedem sobremaneira.

Se quereis num momento esclarecer-vos a esse respeito, e saber se o prazer é superior ao desgosto, ou se apenas se compensam, comparai a impressão do animal que devora outro com a impressão do que é devorado.

A mais eficaz consolação em toda desgraça, em todo sofrimento, é voltar os olhos para aqueles que são ainda mais desgraçados do que nós: esse remédio encontra-se ao alcance de todos. Mas que resulta daí para o conjunto?

Semelhantes aos carneiros que saltam no prado, enquanto, com o olhar, o carniceiro faz a sua escolha no meio do rebanho, não sabemos, nos nossos dias felizes, que desastre o destino nos prepara precisamente a esta hora – doença, perseguição, ruína, mutilação, cegueira, loucura etc.
Tudo o que procuramos colher resiste-nos; tudo tem uma vontade hostil que é preciso vencer. Na vida dos povos, a história só nos aponta guerras e sedições: os anos de paz não passam de curtos intervalos de entreatos, uma vez por acaso. E, da mesma maneira, a vida do homem é um combate perpétuo, não só contra males abstratos, a miséria ou o aborrecimento, mas também contra os outros homens. Em toda parte encontra-se um adversário: a vida é uma guerra sem tréguas, e morre-se com as armas na mão.

Ao tormento da existência vem ainda juntar-se a rapidez do tempo, que nos inquieta, que não nos deixa respirar, e se conserva atrás de cada um de nós como um vigia forçando-nos de chicote em punho. – Poupa apenas aqueles que entregou ao aborrecimento.

Portanto, assim como o nosso corpo rebentaria se estivesse sujeito à pressão da atmosfera, do mesmo modo, se o peso da miséria, do desgosto, dos revezes e dos vãos esforços fosse banido da vida do homem, o excesso da sua arrogância seria tão desmedido que o faria em bocados, ou pelo menos o conduziria à insânia mais desordenada e à loucura furiosa. – Em todo tempo, cada um precisa ter um certo número de cuidados, de dores ou de miséria, do mesmo modo que o navio carece de lastro para manter-se em equilíbrio e andar direito.
Trabalho, tormento, desgosto e miséria, tal é sem dúvida durante a vida inteira o quinhão de quase todos os homens. Mas se todos os desejos, apenas formados, fossem imediatamente realizados, com que se preencheria a vida humana, em que se empregaria o tempo? Coloque-se essa raça num país de fadas, onde tudo cresceria espontaneamente, onde as calhandras voariam já assadas ao alcance de todas as bocas, onde todos encontrariam sem dificuldade a sua amada e a obteriam o mais facilmente possível – ver-se-ia então os homens morrerem de tédio ou enforcarem-se, outros disputarem, matarem-se e causarem-se mutuamente mais sofrimentos do que a natureza agora lhes impõe. Assim, para semelhante raça, nenhum outro teatro, nenhuma outra existência conviriam.

Na primeira mocidade, somos colocados em face do destino que se vai abrir diante de nós, como as crianças em frente do pano de um teatro, na expectativa alegre e impaciente das coisas que vão se passar em cena; é uma felicidade não podermos saber nada de antemão. Aos olhos daquele que sabe o que realmente vai se passar, as crianças são inocentes culpados, condenados não à morte, mas à vida, e que todavia não conhecem ainda o conteúdo da sua sentença. – Nem por isso todos deixam de ter o desejo de chegar a uma idade avançada, isto é, a um estado que se poderia exprimir deste modo: "Hoje é mau, e cada dia o será mais – até que chegue o pior de todos".

Quando se representa, tanto quanto é possível fazê-lo de uma maneira aproximada, a soma de miséria, de dor e de sofrimentos de todas as espécies que o Sol ilumina no seu curso, deve-se concordar que valeria muito mais que esse astro tivesse o mesmo poder na Terra para fazer surgir o fenômeno da vida que tem na Lua, e seria preferível que a superfície da Terra, como a da Lua, se mantivesse ainda no estado de cristal.

Pode ainda se considerar a nossa vida como um episódio que perturba inutilmente a beatitude e o repouso do nada. Seja como for, aquele para quem a existência é quase suportável, à medida que avança em idade, tem uma consciência cada vez mais clara de que ela é, em todas as coisas, um *disappointment, nay, a cheat* [uma decepção, ou melhor, uma fraude], em outros termos, que ela possui o caráter de uma grande mistificação, para não dizer de um logro...

Alguém que tenha sobrevivido a duas ou três gerações encontra-se na mesma disposição de espírito que um espectador que, sentado numa barraca de saltimbancos na feira, vê as mesmas farsas repetidas duas ou três vezes sem interrupção: é que as coisas estavam calculadas para uma única representação, e já não fazem nenhum efeito, uma vez dissipadas a ilusão e a novidade.

Perder-se-ia a cabeça, se se observasse a prodigalidade das disposições tomadas, essas estrelas fixas que brilham inumeráveis no espaço infinito, e não têm outro fim senão iluminar mundos, teatros da miséria e dos gemidos, mundos que, no mais feliz dos casos, só produzem o tédio: – pelo menos a apreciarmos a amostra que nos é conhecida.

Ninguém é verdadeiramente digno de inveja, e quantos são para lastimar!

A vida é uma tarefa que devemos desempenhar laboriosamente; e, nesse sentido, a palavra *defunctus* é uma bela expressão.

Imagine-se por um instante que o ato da geração não era nem uma necessidade nem uma voluptuosidade, mas um caso de pura reflexão e de razão: a espécie humana subsistiria ainda? Não sentiriam todos bastante piedade pela geração futura para lhe poupar o peso da existência, ou, pelo menos, não hesitariam em impor esse a ela a sangue frio?

O mundo é o inferno, e os homens dividem-se em almas atormentadas e em diabos atormentadores.

Certamente ainda terei de ouvir dizer que a minha filosofia carece de consolação – e isso simplesmente porque digo a verdade, enquanto todos gostam de ouvir dizer: o Senhor Deus fez bem tudo o que fez. Ide à igreja e deixai os filósofos em paz. Pelo menos não exijam que eles ajustem as suas doutrinas ao vosso catecismo: é o que fazem os indigentes e os filosofastros a esses, podem-se encontrar doutrinas ao gosto de cada um. Perturbar o otimismo obrigado dos professores de filosofia é tão fácil como agradável.

Brama produz o mundo por uma espécie de pecado ou desvario, e permanece ele próprio no mundo para expiar esse pecado até estar redimido. – Muito bem! – No budismo, o mundo nasce em seguida a uma perturbação inexplicável, que se produz após um longo repouso nessa claridade do céu, nessa beatitude serena, chamada *Nirvana*, que será reconquistada pela penitência; é como que uma espécie de fatalidade que se deve compreender no fundo de um sentido moral, ainda que essa explicação tenha uma analogia e uma imagem exatamente correspondente na natureza pela formação inexplicável do mundo primitivo, vasta nebulosa donde surgirá um sol. Mas os erros morais tornam mesmo o mundo físico gradualmente pior e sempre pior, até ter tomado a sua triste forma atual.

Para os gregos, o mundo e os deuses eram a obra de uma necessidade insondável. Essa explicação é suportável, porque nos satisfaz provisoriamente. Ormuzd vive em guerra com Ahriman: – isso ainda se pode admitir. – Mas um Deus como esse Jeová, que *animi causa*, por seu bel-prazer e muito voluntariamente, produz este mundo de miséria e de lamentações, e que ainda se felicita e se aplaude, é que é demasiado forte! Consideremos, portanto, nesse ponto de vista, a religião dos judeus como a última palavra entre as doutrinas religiosas dos povos civilizados; o que concorda perfeitamente com o fato de ser ela também a única que não tem absolutamente nenhum vestígio de imortalidade.

Ainda mesmo que a demonstração de Leibniz fosse verdadeira, embora se admitisse que entre os mundos possíveis este é sempre o melhor, essa demonstração não daria ainda nenhuma teodicéia. Porque o criador não só criou o mundo, mas também a própria possibilidade; portanto, devia ter tornado possível um mundo melhor.

A miséria, que alastra por este mundo, protesta demasiado alto contra a hipótese de uma obra perfeita devida a um ser absolutamente sábio, absolutamente bom, e também todo poderoso; e, de outra parte, a imperfeição evidente e mesmo a burlesca caricatura do mais acabado dos fenômenos da criação, o homem, são de uma evidência demasiado sensível. Há aí uma dissonância que não se pode resolver. As dores e as misérias são, pelo contrário, outras tantas provas em apoio, quando consideramos o mundo como a obra da nossa própria culpa, e portanto como uma coisa que não podia ser melhor. Ao passo que, na primeira hipótese, a miséria do mundo torna-se uma acusação amarga contra o criador e dá margem aos sarcasmos, no segundo caso, aparece como uma acusação contra o nosso ser e a nossa vontade, bem própria para nos humilhar.

Conduz-nos a este profundo pensamento de que viemos ao mundo já viciados, como os filhos de pais gastos pelos desregramentos, e que, se a nossa existência é de tal modo miserável, e tem por desenlace a morte, é porque temos continuamente essa culpa a expiar. De um modo geral, não há nada mais certo: é a pesada culpa do mundo que causa os grandes e inúmeros sofrimentos a que somos votados; e entendemos essa relação no sentido metafísico, e não no físico e empírico. Assim, a história do pecado original reconcilia-me com o antigo testamento; é mesmo a meus olhos a única verdade metafísica do livro, embora aí se apresente sob o véu da alegoria. Porque a nossa existência assemelha-se perfeitamente à consequência de uma falta e de um desejo culpado...

Quereis ter sempre ao alcance da mão uma bússola segura a fim de vos orientar na vida e de encará-la incessantemente sob o seu verdadeiro prisma. Habituai-vos a considerar este mundo como um lugar de penitência, como uma colônia penitenciária, como lhe chamaram já os mais antigos filósofos (*Clem. Alex. Strom.* L. III, c. 3, p. 399.) e alguns padres da Igreja (Augustin. *De civit.* Dei, L. XI, 23.).

A sabedoria de todos os tempos, o bramanismo, o budismo, Empédocles e Pitágoras confirmam esse modo de ver; Cícero (*Fragmenta de philosophia*, v. 12, p. 316, ed. Bip.) conta que os sábios antigos, na iniciação dos mistérios, ensinavam: *nos ob aliqua scelera suscepta in vita superiore, poenarum luendarum causa natos esse*[1]. Vanini, que acharam mais cômodo queimar que refutar, exprime essa ideia da maneira mais enérgica quando diz: *Tot tantisque homo repletus miseriis, ut si christianae religioni non repugnaret: dicere auderem, si doemones dantur, ipsi, in*

---

1. Nascemos para cumprir as penas de alguns crimes cometidos em uma vida anterior. (Nota do tradutor Daniel Moreira Miranda, doravante citadas por: (N.T.D.M.M.))

hominum corpora transmigrantes, sceleris poenas luunt[2] (*De admirandis naturae arcanis*, dial L. p. 353.). Mas, mesmo no puro cristianismo bem compreendido, a nossa existência é considerada como a consequência de uma falta, de uma queda. Se nos familiarizarmos com essa ideia, não esperaremos da vida senão o que ela pode nos dar, e longe de considerarmos as suas contradições, seus sofrimentos, seus tormentos, suas misérias grandes ou pequenas, como coisas inesperadas, contrárias às regras, achá-los-emos perfeitamente naturais, sabendo bem que na Terra cada um sofre a pena da sua existência, e cada um a seu modo. Entre os males de um estabelecimento penitenciário, o menor não é a sociedade que nele se encontra. O que a sociedade dos homens vale, sabem-no aqueles que mereceriam outra melhor, sem que seja necessário que eu o diga. Uma bela alma, um gênio, podem por vezes experimentar aí os sentimentos de um nobre prisioneiro do Estado, que se encontra nas galés rodeado de celerados vulgares; e, como ele, procuram isolar-se. Em geral, porém, essa ideia sobre o mundo torna-nos aptos a ver sem surpresa, e ainda mais, sem indignação, o que se chamam as imperfeições, isto é, a miserável constituição intelectual e moral da maior parte dos homens, que sua própria fisionomia nos revela...

 A convicção de que o mundo e, por conseguinte, o homem são tais que não deveriam existir é apresentada de modo que nos deve encher de indulgência uns pelos outros; que se pode esperar, de fato, de uma tal espécie de seres? – Penso, às vezes, que a maneira mais conveniente de os homens se cumprimentarem, em vez de ser Senhor, Sir etc. poderia ser: "companheiro de sofrimentos, *soci malorum*, companheiro de miséria, *my fellow-sufferer*". Por muito original que isso pareça, a expressão é contudo fundada, lança sobre o próximo a luz mais verdadeira, e lembra a necessidade da tolerância, da paciência, da indulgência, do amor ao próximo, sem o que ninguém pode passar, e de que, portanto, todos são devedores.

---

2. O homem está tão repleto de tantas misérias, que, se a religião cristã não se opusesse, eu me atreveria a dizer: se existem demônios, eles mesmos, ao passarem aos corpos dos homens, cumprem as penas. (N.T.D.M.M.)

II

Desilusões – Vãs promessas de felicidade – Dores sem tréguas e sem descanso, metamorfose do sofrimento: a miséria e o tédio – A vida é um espetáculo tragicômico, sob o reino do acaso e do erro – O Inferno de Dante e o inferno do mundo – Último alvo e último naufrágio

Enquanto a primeira metade da vida é apenas uma infatigável aspiração de felicidade, a segunda metade, pelo contrário, é dominada por um sentimento doloroso de receio, porque se acaba então por perceber, mais ou menos claramente, que toda felicidade não passa de quimera, que só o sofrimento é real. Por isso os espíritos sensatos visam menos aos prazeres do que a uma ausência de desgostos, a um estado de algum modo invulnerável. – Nos meus anos de mocidade, uma campainha à porta causava-me alegria, porque pensava: "Bom! É qualquer coisa que sucede". Mais tarde, experimentado pela vida, esse mesmo ruído despertava-me um sentimento vizinho do medo; dizia de mim para mim: "Que sucederá?".

Na velhice, as paixões e os desejos extinguem-se uns após outros, à medida que os objetos dessas paixões tornam-se indiferentes; a sensibilidade diminui, a força na imaginação torna-se sempre mais fraca, as imagens empalidecem, as impressões já não aderem, passam sem deixar vestígios, os dias decorrem cada vez mais rápidos, os acontecimentos perdem a sua importância, tudo se descolora. O homem acabrunhado pela idade passeia cambaleando ou repousa a um canto, não sendo mais do que a sombra, o fantasma do seu ser passado. Vem a morte, que lhe resta para destruir? Um dia a sonolência muda-se em último sono e os seus sonhos... já inquietavam Hamlet no célebre monólogo. Creio que desde esse momento sonhamos.

Todo homem que despertou dos primeiros sonhos da mocidade, que tem em consideração a sua própria experiência e a dos outros, que estudou a história do passado e a da sua época, se quaisquer preconceitos demasiado arraigados não lhe perturbam o espírito, acabará por chegar à conclusão de que este mundo dos homens é o reino do acaso e do erro, que o dominam e o governam a seu modo sem piedade alguma, auxiliados pela loucura e pela maldade, que não cessam de brandir o chicote. Por isso, o que há de melhor entre os homens só aparece após grandes esforços; qualquer inspiração nobre e sensata dificilmente encontra ocasião de se mostrar, de proceder, de se fazer ouvir, ao passo que o absurdo e a falsidade no domínio das ideias, a banalidade e a vulgaridade nas regiões da arte, a malícia e a velhacaria na vida prática reinam sem partilha, e quase sem interrupção; não há pensamento, obra excelente que não seja exceção, um caso imprevisto, singular, incrível, perfeitamente isolado, como um aerolito produzido por uma ordem de coisas diferente daquela que nos governa. – Com respeito a cada um em particular, a história de uma existência é sempre a história de um sofrimento, porque toda carreira percorrida é uma série ininterrupta de reveses e de desgraças, que cada um procura ocultar, porque sabe que, longe de inspirar aos outros simpatia ou piedade, dá-lhes enorme satisfação, de tal modo que se comprazem em pensar nos desgostos alheios a que escapam naquele momento; – é raro que um homem no fim da vida, sendo ao mesmo tempo sincero e ponderado, deseje recomeçar o caminho, e não prefira infinitamente o nada absoluto.

Não há nada fixo na vida fugitiva: nem dor infinita, nem alegria eterna, nem impressão permanente, nem entusiasmo duradouro, nem resolução elevada que possa durar toda a vida! Tudo se dissolve na torrente dos anos. Os minutos, os inumeráveis átomos de pequenas coisas, fragmentos de cada uma das nossas ações, são os vermes roedores que devastam tudo o que é grande e ousado... Nada se toma a sério na vida humana; o pó não vale esse trabalho.

Devemos considerar a vida como uma mentira contínua, tanto nas coisas pequenas como nas grandes. Prometeu? Não cumpre a promessa, a não ser para mostrar quanto o desejo era pouco desejável: tão depressa é a esperança que nos ilude, como a coisa com que contávamos. – Se nos deu, foi só para tornar a nos tirar. A magia da distância apresenta-nos paraísos que desaparecem como visões logo que nos deixamos seduzir.

A felicidade, portanto, está sempre no futuro ou no passado, e o presente é como uma pequena nuvem sombria que o vento impele sobre a planície cheia de sol; diante dela, atrás dela, tudo é luminoso, só ela projeta sempre uma sombra.

O homem só vive no presente, que foge irresistivelmente para o passado, e afunda-se na morte: salvo as consequências, que se podem refletir no presente, e que são a obra dos seus atos e da sua vontade, a sua vida de ontem acha-se completamente morta, extinta: deveria portanto ser-lhe indiferente à razão que esse passado fosse feito de gozos ou de tristezas. O presente foge-lhe, e transforma-se incessantemente no passado; o futuro é absolutamente incerto e sem duração... E, assim, como do ponto de vista físico, o andar não é mais do que uma queda sempre evitada, da mesma maneira a vida do corpo é a morte sempre suspensa, uma morte adiada, e a atividade do nosso espírito, um tédio sempre combatido... É preciso, enfim, que a morte triunfe, pois lhe pertencemos pelo próprio fato do nosso nascimento, e ela não faz senão brincar com a presa antes de devorá-la. É desse modo que seguimos o curso da nossa existência, com um interesse extraordinário, com mil cuidados, mil precauções, durante todo o tempo possível, como se sopra uma bola de sabão, aplicando-nos a enchê-la o mais que podemos e durante muito tempo, não obstante a certeza que temos de que ela acabará por rebentar.

    A vida não se apresenta de modo algum como um mimo que nos é dado gozar, mas antes como um dever, uma tarefa que tem de se cumprir à força de trabalho; daí resulta, tanto nas grandes como nas pequenas coisas, uma miséria geral, um trabalho sem descanso, uma concorrência sem tréguas, um combate sem fim, uma atividade imposta com uma tensão extrema de todas as forças do corpo e do espírito. Milhões de homens, reunidos em nações, concorrem para o bem público, procedendo, assim, cada indivíduo em seu próprio interesse; caem, porém, milhares de vítimas para a salvação comum. Umas vezes são preconceitos insensatos, outras, uma política sutil que excita os povos à guerra; urge que o suor e o sangue da grande massa corram em abundância para levar a bom fim as fantasias de alguns, ou para expiar as suas faltas. Em tempo de paz, a indústria e o comércio prosperam, as invenções operam maravilhas, os navios sulcam os mares e transportam coisas deliciosas de todas as partes do mundo, as ondas tragam milhares de homens. Tudo está em movimento, uns meditam, outros procedem, o tumulto é indescritível.

    Mas qual é o alvo de tantos esforços? Manter durante um curto espaço de tempo entes efêmeros e atormentados, mantê-los, no caso mais favorável, em uma miséria suportável e numa ausência de dor relativa que o tédio logo aproveita; depois a reprodução dessa raça e a renovação do seu curso habitual.

    Os esforços sem tréguas para banir o sofrimento só têm o resultado de o fazer mudar em figura. Na origem aparece sob a forma da necessidade, do cuidado pelas coisas materiais da vida. Conseguindo-se, à custa de penas, expulsar a dor sob esse aspecto, logo se transforma e toma mil formas diferentes, segundo as idades e as circunstâncias; é o instinto sexual, o amor apaixonado, o ciúme, a inveja, o ódio, a ambição, o medo, a avareza, a doença etc. etc. Se não encontra outro acesso livre, toma o manto triste e pardo do tédio e da saciedade, e então, para combatê-la, é preciso forjar armas. Logrando-se expulsá-la, não sem combate, volta às suas antigas metamorfoses, e a dança recomeça...

O que ocupa todos os vivos e os conserva em contínua atividade é a necessidade de assegurar a existência. Mas feito isso, não sabem que mais hão de fazer. Assim, o segundo esforço dos homens é aliviar o peso da vida, tornar-se insensível, matar o tempo, isto é, fugir ao aborrecimento. Vemô-los, logo que se livram de toda a miséria material e moral, logo que sacudiram dos ombros todos os fardos, tomarem sobre eles mesmos o peso da existência, e considerarem como um ganho toda hora que têm conseguido passar, ainda que no fundo ela seja tirada dessa existência, a qual se esforçam por prolongar com tanto zelo. O aborrecimento não é um mal para desdenhar: que desespero faz transparecer no rosto! Faz que os homens, que se amam tão pouco uns aos outros, se procurem com todo entusiasmo; é a origem do instinto social. O Estado considera-o como uma calamidade pública, e por prudência toma medidas para combatê-lo.

Esse flagelo, que não é menor que o seu extremo oposto, a fome, pode impelir os homens a todos os desvarios; o povo precisa de *panem et cirsenses* [pão e circo]. O rude sistema penitenciário da Filadélfia, fundado sobre o isolamento e a inatividade, faz do aborrecimento um instrumento de suplício tão terrível que mais de um condenado tem recorrido ao suicídio para fugir dele. Se a miséria é o aguilhão perpétuo para o povo, o tédio o é igualmente para os ricos. Na vida civil, o domingo representa o aborrecimento e os seis dias da semana, a miséria.

A vida do homem oscila, como um pêndulo, entre a dor e o tédio, tais são na realidade os seus dois últimos elementos. Os homens tiveram de exprimir essa ideia de um modo singular; depois de terem feito do inferno o lugar de todos os tormentos e de todos os sofrimentos, que ficou para o céu? Justamente o aborrecimento.

O homem é o mais necessitado de todos os seres: não tem mais do que vontade, desejos encarnados, um composto de mil necessidades. E assim vive na Terra, abandonado a si próprio, incerto de tudo o que não seja a miséria e a necessidade que o oprime. Por meio das exigências imperiosas, todos os dias renovadas, o cuidado da existência preenche a vida humana. Ao mesmo tempo atormenta-o um segundo instinto, o de perpetuar a sua raça. Ameaçado por todos os lados pelos perigos mais diversos, tem de usar de uma prudência sempre vigilante para lhes escapar. Com passo inquieto, lançando em volta olhares cheios de angústia, segue o seu caminho lutando com os acasos e com os inimigos sem número. Assim como caminharia por entre os desertos selvagens, assim segue em plena vida civilizada; para ele, não existe a segurança:

*Qualibus in tenebris vitae, quantisque periclis
degitur hoc aevi quod cumquest!* ³

(*Lucr.* II, 15)

A vida é um mar cheio de perigos e de turbilhões que o homem só evita à força de prudência e de cuidados, embora saiba que, mesmo que consiga lhes escapar com perícia e esforços, não pode, contudo, à medida que avança, sem retardar o grande, o total, o inevitável naufrágio, a morte que parece lhe correr ao encontro: é esse o fim supremo de tão laboriosa navegação, para ele infinitamente pior que todos os perigos dos quais escapou.

Sentimos a dor, mas não a ausência da dor; sentimos a inquietação, mas não a ausência da inquietação; o temor, mas não a segurança. Sentimos o desejo e o anelo, como sentimos a fome e a sede; mas apenas satisfeitos, tudo acaba, assim como o bocado que, uma vez engolido, deixa de existir para a nossa sensação. Enquanto possuímos os três maiores bens da vida – saúde, mocidade e liberdade – não temos consciência deles, e só os apreciamos depois de os termos perdido, porque esses também são bens negativos. Só notamos os dias felizes da nossa vida passada depois de darem lugar aos dias de tristeza... À medida que os nossos prazeres aumentam, tornam-nos cada vez mais insensíveis; o hábito já não é um prazer. Por isso mesmo a nossa faculdade de sofrer é mais viva; todo hábito suprimido causa um sentimento doloroso. As horas correm tanto mais rápidas quanto mais agradáveis são, tanto mais demoradas quanto mais tristes, porque o gozo não é positivo, mas sim a dor, cuja presença se faz sentir. O aborrecimento dá-nos a noção do tempo, a distração tira-a. O que prova que a nossa existência é tanto mais feliz quanto menos a sentimos: de onde se segue que mais vale vermo-nos livres dela. Não se poderia absolutamente imaginar uma grande e viva alegria, se essa não sucedesse uma grande miséria, porque nada há que possa atingir um estado de alegria, serena e durável; o mais que se consegue é distrair, satisfazer a vaidade. É por esse motivo que todos os poetas são obrigados a colocar os seus heróis em situações cheias de ansiedades e de tormentos, a fim de os livrarem delas: drama e poesia épica só nos mostram homens que lutam, que sofrem mil torturas, e cada romance oferece-nos, em espetáculo, os espasmos e as convulsões do pobre coração humano. Voltaire, o feliz Voltaire, que tão favorecido foi pela natureza, pensa como eu, quando diz: "A felicidade não passa de um sonho, só a dor é real"; e acrescenta: "Há oitenta anos que a expe-

---

3. Quanta escuridão e grandes perigos / passamos nesta vida de tempo incerto! (N.T.D.M.M.)

rimento. Não sei fazer outra coisa senão resignar-me, e dizer a mim mesmo que as moscas nasceram para serem comidas pelas aranhas, e os homens, para serem devorados pelos pesares".

A vida de cada homem, vista de longe e do alto, no seu conjunto e nas fases mais salientes, apresenta-nos sempre um espetáculo trágico; mas se a analisarmos nas suas minúcias, tem o caráter de uma comédia. O decurso e o tormento do dia, a incessante inquietação do momento, os desejos e os receios da semana, as desgraças de cada hora, sob a ação do acaso que procura sempre mistificar-nos, são outras tantas cenas de comédia. Mas as aspirações iludidas, os esforços baldados, as esperanças que o destino esmaga implacavelmente, os erros funestos da vida inteira, com os sofrimentos que se acumulam e a morte no último ato, eis a eterna tragédia. Parece que o destino quis juntar a irrisão ao desespero da nossa existência, quando encheu a nossa vida com todos os infortúnios da tragédia, sem que possamos sequer sustentar a dignidade das personagens trágicas. Longe disso, na ampla particularidade da vida, representamos inevitavelmente o mesquinho papel de cômicos.

É verdadeiramente incrível como a existência da maior parte dos homens é insignificante e destituída de interesse vista exteriormente, e como é surda e obscura sentida internamente. Consta apenas de tormentos, aspirações impossíveis. É o andar cambaleante de um homem que sonha por entre as quatro épocas da vida até a morte, com um cortejo de pensamentos triviais. Os homens assemelham-se a relógios a que se dá corda e trabalham sem saber porque; e sempre que vem um homem a este mundo, o relógio da vida humana recebe corda de novo para repetir mais uma vez o velho e gasto estribilho da eterna caixa de música, frase por frase, compasso por compasso, com variações quase insensíveis.

Cada indivíduo, cada rosto humano e cada existência humana são um sonho, um sonho efêmero do espírito infinito da natureza, da vontade de viver persistente e teimosa, não uma imagem fugitiva, que desenha na página infinita do espaço e do tempo, que deixa subsistir alguns instantes de uma rapidez vertiginosa, e que logo apaga para dar lugar a outras. Contudo, e é esse o lado da vida que faz pensar e refletir, urge que a vontade de viver, violenta e impetuosa, pague cada uma dessas imagens fugitivas, cada uma dessas fantasias vãs, ao preço de dores profundas e sem número, e de uma morte amarga, por muito tempo temida, e que afinal chega. Eis porque o aspecto de um cadáver nos torna subitamente sérios.

Onde iria Dante procurar o modelo e o assunto do seu Inferno senão em nosso mundo real? E, contado, é um perfeito inferno que ele nos pinta. Ao contrário, quando ele tratou de descobrir o céu e os seus gozos, encontrou-se frente a uma dificuldade invencível, justamente porque o nosso mundo nada oferece de análogo. Em lugar das alegrias do Paraíso, viu-se reduzido a dar-nos parte das instruções que lhe deram os seus antepassados, a sua Beatriz e diversos santos. Daqui se deduz claramente que espécie de mundo é o nosso.

O inferno do mundo excede o Inferno de Dante, no ponto em que cada um é o diabo do seu vizinho; há também um arquidiabo superior a todos os outros, é o conquistador que dispõe milhares de homens em frente uns dos outros e lhes brada: "Sofrer, morrer é o vosso destino; portanto fuzilem-se, canhoneiem-se mutuamente!", e eles assim procedem.

Se fosse possível pôr diante dos olhos de cada um as dores e os espantosos tormentos aos quais a sua vida se encontra incessantemente exposta, um tal aspecto enchê-lo-ia de medo; e se se quisesse conduzir o otimista mais endurecido aos hospitais, aos lazaretos e aposentos de torturas cirúrgicas, às prisões, aos lugares de suplícios, às pocilgas dos escravos, aos campos de batalha e aos tribunais criminais; se se lhe abrissem todos os antros sombrios onde a miséria se acolhe para fugir aos olhares de uma curiosidade fria, e se por fim o deixassem ver a torre de Ugolino, então, com certeza, também acabaria por reconhecer de que espécie é este melhor dos mundos possíveis.

Este mundo, campo de carnificina onde entes ansiosos e atormentados vivem devorando-se uns aos outros, onde todo animal carnívoro torna-se o túmulo vivo de tantos outros, e passa a vida numa longa série de martírios, onde a capacidade de sofrer aumenta na proporção da inteligência, e atinge portanto no homem o mais elevado grau; este mundo, quiseram os otimistas adaptá-lo ao seu sistema, e apresentá-lo *a priori* como o melhor dos mundos possíveis. O absurdo é evidente. – Dizem-me para abrir os olhos e fitá-los na beleza do mundo que o sol ilumina, admirar-lhe as montanhas, os vales, as torrentes, as plantas, os animais, que sei eu! Então o mundo é uma lanterna mágica? Certamente que o espetáculo é esplêndido à vista, mas representar aí um papel é outra coisa. Após o otimista surge o homem das causas finais; esse exalta a sábia ordem que preserva os planetas de se chocarem no seu percurso, que impede a terra e o mar de se confundirem, e os mantém devidamente separados, que faz com que o resto não se conserve num gelo eterno, ou seja, consumido pelo calor, que, devido à inclinação da eclítica, não permite à primavera ser eterna e deixa amadurecer os frutos etc. ...Mas tudo isso são simples *conditiones sine quibus non*[4]. Porque, se deve existir um mundo, se os seus planetas devem durar, embora, um período igual àquele que o raio de uma estrela fixa e afastada leva para chegar até eles, e se não desapareceu como o filho de Lessing logo após o nascimento, era preciso que as coisas estivessem mal arquitetadas para que a base fundamental ameaçasse a ruína. Cheguemos agora aos resultados dessa obra tão exaltada, consideremos os atores que se movem nesta cena tão solidamente formada: vemos a dor aparecer ao mesmo tempo que a sensibilidade, e aumentar à medida que essa se torna inteligente; vemos o desejo e o sofrimento caminhando par a par, desenvolverem-se sem limites, até que por fim a vida humana apenas oferece assunto de tragédias ou de comédias. Posto isso, se houver sinceridade, ter-se-á pouca disposição para entoar a Aleluia dos otimistas.

Se um Deus fez este mundo, eu não gostaria de ser esse Deus: a miséria do mundo esfacelar-me-ia o coração.

Imaginando-se um demônio criador, ter-se-ia portanto o direito de lhe gritar mostrando-lhe a sua obra: "Como ousaste interromper o repouso sagrado do nada para fazer surgir uma tal massa de desgraças e de angústias?".

Considerando a vida sob o aspecto do seu valor objetivo, é pelo menos duvidoso que ela seja preferível ao nada; e eu diria até que se a experiência e a reflexão se pudessem fazer, elevariam a voz em favor do nada. Se batêssemos nas pedras dos túmulos para perguntar aos mortos se querem ressuscitar, eles abanariam a cabeça. É também essa a opinião de Sócrates na apologia de Platão, e até o amável e alegre Voltaire não pôde deixar de dizer: "Aprecia-se a vida; mas o nada também tem o seu lado bom"; e ainda, "Não sei o que é a vida eterna, esta, porém, é um mau gracejo".

Querer é essencialmente sofrer, e como o viver é querer, toda a existência é essencialmente dor. Quanto mais elevado é o ser, mais sofre... A vida do homem não é mais do que uma luta pela existência com a certeza de ser vencida... A vida é uma caçada incessante onde, ora como caçadores, ora como caça, os entes disputam entre si os restos de uma horrível carnificina; uma história natural da dor que se resume assim: querer sem motivo, sofrer sempre, lutar sempre, depois morrer e assim sucessivamente, pelos séculos dos séculos, até que o nosso planeta se faça em bocados.

---

4. Plural de *conditio sine qua non*, isto é, condição sem a qual algo não poderia ocorrer, condição indispensável para algo. (N.T.D.M.M.)

O AMOR

I
Metafísica do amor

O amor, assunto até agora reservado aos romancistas e aos poetas – Insuficiências dos filósofos que têm tratado do assunto – Deve-se estudar o amor na vida real – O seu papel, a sua importância, o interesse universal que ele inspira – Todo o amor vulgar ou etéreo tem origem no instinto sexual – O seu fim é a procriação de uma determinada criança: fixa desse modo a geração futura – A natureza do instinto é proceder no interesse da espécie em detrimento do indivíduo – O instinto oferece ao ser egoísta uma ilusão falaz para chegar aos seus fins – Ele guia, no amor, a escolha do homem e da mulher para as qualidades físicas e morais mais aptas para assegurarem a reprodução, a conservação, a superioridade do tipo integral da espécie humana, sem consideração alguma pela felicidade das pessoas – Deste conflito entre o gênio da espécie e os gênios protetores dos indivíduos nascem o sublime e o patético do amor – Resultado trágico do amor infeliz, decepções do amor satisfeito – Os amantes são traidores que, perpetuando a vida, perpetuam a dor – Dafnis e Cloé, diálogo – Seriedade da volúpia

"Ó, vós, sábios, cuja ciência é elevada e profunda, que meditastes e que sabeis onde, quando e como tudo se une na natureza, para que são todos esses amores, esses beijos; vós, sublimes sábios, dizei-mo! Torturai o vosso espírito sutil e dizei-me onde, quando e como me sucedeu amar, por que me foi dado amar?"

Bürger

Habitualmente vê-se os poetas ocupados em pintar o amor. A pintura do amor é o assunto principal de todas as obras dramáticas, trágicas ou cômicas, românticas ou clássicas, tanto nas Índias como na Europa: é igualmente o mais fecundo de todos os assuntos, tanto para a poesia lírica como para a poesia épica, sem falar da grande quantidade de romances que, há séculos, se produzem todos os anos nos países civilizados da Europa, tão regularmente como os frutos das estações. Todas essas obras no fundo são descrições variadas e mais ou menos desenvolvidas dessa paixão. As pinturas mais perfeitas, Romeu e Julieta, a nova Heloísa, Werther adquiriram glória imortal. Dizer como La Rochefoucauld que o amor apaixonado é como os espectros de que todos falam, mas que ninguém viu; ou então contestar como Lichtenberg, no seu *Ensaio sobre o poder do amor*, a realidade dessa paixão e negar que seja conforme à natureza é um grande erro. Porque é impossível conceber como um sentimento estranho ou contrário à natureza humana, como uma pura fantasia, o que o gênio dos poetas não se cansa de pintar, nem a humanidade de acolher com inabalável simpatia; visto que, sem verdade, não há arte completa.

Nada é tão belo como a verdade; só a verdade é agradável.

Boileau

Assim, a experiência geral, embora não se renove todos os dias, prova que uma inclinação viva e ainda suscetível de ser governada pode, sob o império de certas circunstâncias, aumentar e exceder pela sua violência todas as outras paixões, desviar todas as considerações, vencer todos os obstáculos com uma força e uma perseverança incríveis, a ponto de se arriscar sem hesitação a vida para satisfazer o desejo, e perdê-la até, se esse desejo é sem esperança. Não é só nos romances que existem Werther e Jacopo Ortiz; todos os anos, a Europa poderia apresentar pelo menos uma meia dúzia: *sed ignotis perierunt mortibus illi*[5]. Eles são mortos desconhecidos, cujos sofrimentos têm apenas como cronista o empregado que registra os óbitos, e como anais as notícias diversas da imprensa. As pessoas que leem os jornais franceses e ingleses podem atestar a exatidão do que afirmo. Mas, maior ainda é o número daqueles a quem essa paixão conduz ao manicômio. Enfim, verificam-se todos os anos diversos casos de duplo suicídio, quando dois amantes desesperados tornam-se vítimas das circunstâncias exteriores que os separam; quanto a mim, nunca compreendi como é que dois entes que se amam, e julgam encontrar nesse amor a suprema felicidade, não preferem romper violentamente com todas as convenções sociais e sofrer toda a espécie de vergonha a abandonar a vida renunciando a uma felicidade além da qual nada podem imaginar. – Quanto aos graus inferiores, aos ligeiros ataques dessa paixão, todos os têm diariamente sob os olhos, e, por menos jovem que seja, também a maior parte do tempo no coração.

Não é portanto permitido duvidar da realidade do amor, nem da sua importância. Em vez de causar admiração que um filósofo procure também apoderar-se desse assunto, tema eterno de todos os poetas, deve antes surpreender que uma questão que representa na vida humana um papel tão importante tenha sido, até agora, descurada pelos filósofos, e se encontre diante de nós como uma matéria nova. De todos os filósofos, foi ainda Platão quem mais se ocupou do amor, principal-

---

5. Mas eles morreram de uma morte desconhecida. (N.T.D.M.M.)

mente no *Banquete*[6] e no *Fedro*[7]. O que ele diz sobre o assunto entra no domínio dos mitos, das fábulas e dos ditos equívocos e, sobretudo, diz respeito ao amor grego. O pouco que sobre isso diz Rousseau, em seu *Discours sur l'inégalité*, é falso e insuficiente; Kant, na terceira parte do *Traité sur le sentiment du beau et du sublime*, trata tal assunto de um modo demasiado superficial, e por vezes inexato, como quem não entende nada do caso. Platner, na sua antropologia, apenas nos oferece ideias medíocres e vulgares.

A definição de Spinoza merece ser citada pela sua extrema simplicidade: *Amor est titillatio, concomitante idea causae externae*[8] (*Eth. IV, prop. 44, dem.*). Não tenho, portanto, que me servir dos meus predecessores, nem que os refutar. Não foi pelos livros, foi pela observação da vida exterior que este assunto se me impôs, e tomou lugar no conjunto das minhas considerações sobre o mundo. – Não espero a aprovação nem o elogio dos amorosos, que procuram naturalmente exprimir com as imagens mais sublimes e etéreas a intensidade dos seus sentimentos: a esses, o meu ponto de vista há de parecer demasiado físico, demasiado material, por muito metafísico e transcendente que ele seja no fundo. Possam eles notar, antes de me julgarem, que o objeto do seu amor, que hoje exaltam em madrigais e sonetos, mal lhes teria obtido um olhar se tivesse aparecido dezoito anos antes.

Qualquer inclinação terna, seja qual for a atitude etérea que afete, tem, na realidade, todas as suas raízes no instinto natural dos sexos; e não é mesmo outra coisa senão esse instinto especial, determinado, e perfeitamente individualizado. Isso posto, se observarmos o papel importante que o amor representa em todos os graus e em todas as suas fases, não só nas comédias e nos romances, mas também no mundo real, onde é, com o amor pela vida, a mais poderosa e a mais ativa de todas as molas; se pensarmos que ocupa continuamente as forças da parte mais jovem da humanidade, que é o último fim de quase todo esforço humano, que tem uma influência perturbadora nos negócios mais importantes, que interrompe a todo momento as ocupações mais sérias, que por vezes altera os maiores espíritos, que não tem escrúpulo em lançar as suas frivolidades nas negociações diplomáticas e nos trabalhos dos sábios, que chega até a introduzir as suas cartas meigas e as suas madeixas de cabelo nas pastas dos ministros e nos manuscritos dos filósofos, o que não o impede de ser

---

6. Obra publicada pela Edipro: *O Banquete*, 2012. (N.E.)
7. Obra publicada pela Edipro: *Fedro*, 2012. (N.E.)
8. O Amor é um estremecer acompanhado da ideia de uma causa externa. (N.T.D.M.M.)

todos os dias o promotor dos piores e mais intrincados negócios – que rompe as mais preciosas relações, quebra os mais sólidos laços, torna vítimas ou a vida ou a saúde, a riqueza, a situação e a felicidade, faz do homem honesto um homem sem honra, do fiel, um traidor, que parece ser qual demônio malfazejo que se esforça por alterar, transtornar e destruir tudo; – sentir-nos-emos então prontos a bradar: Para que tanto ruído? Para que esses esforços, essas violências, essas ansiedades e essa miséria? Contudo trata-se apenas de uma coisa bem simples, que cada João encontre a sua Joana.[9] Por que é que semelhante bagatela representa um papel tão importante e leva incessantemente a perturbação e a discórdia à vida bem regrada dos homens? – Mas, para o pensador sério, o espírito da verdade desvenda pouco a pouco essa resposta: não se trata de uma ninharia, longe disso, a importância do assunto é igual à seriedade e à violência com que é tratado.

O fim definitivo de todo empreendimento amoroso, quer descambe no trágico ou no cômico, é realmente, entre os diversos fins da vida humana, o mais grave e o mais importante, e merece a profunda seriedade com que todos se lhe dedicam.

De fato, essa questão é nada menos que a combinação da próxima geração. Os *dramatis personae*, os atores que hão de entrar em cena quando dela sairmos, encontrar-se-ão assim determinados na sua existência e na sua natureza por essa paixão tão frívola.

Assim como o ser, a *Existentia* dessas pessoas futuras tem, como condição absoluta, o instinto do amor em geral; a própria natureza do seu caráter, a sua *Essentia*, depende absolutamente da escolha individual do amor dos sexos, e encontra-se assim irrevogavelmente fixada a todos os respeitos. Eis a chave do problema: conhecê-la-emos melhor quando tivermos percorrido todos os graus do amor, desde a mais fugitiva inclinação até a paixão mais veemente: reconheceremos então que a sua diversidade nasce do grau da individualização na escolha.

Todas as paixões amorosas da geração presente não são, portanto, para a humanidade inteira, senão a séria *meditatio compositionis generationis futurae, e quâ iterum pendent innumerae generationis*[10]. De fato, não se trata, como nas outras paixões humanas, de uma desgraça ou de uma vantagem individual, mas da existência e da constituição espe-

---
9. Não posso empregar aqui o termo próprio, o leitor pode, porém, traduzir esta frase na linguagem de Aristófanes.
10. Meditação sobre a composição das gerações futuras, da qual, por sua vez, dependem outras incontáveis gerações. (N.T.D.M.M.)

cial da humanidade futura: a vontade individual atinge, nesse caso, o seu maior poder, transforma-se em vontade da espécie. – É sobre esse grande interesse que repousam o patético e o sublime do amor, os seus transportes, as suas dores infinitas que os poetas há muitos séculos não se cansam de representar em exemplos sem número. Que outro assunto seria superior em interesse àquele que trata do bem ou do mal da espécie? Porque o indivíduo é para a espécie o que a superfície dos corpos é para os próprios corpos. É por isso que se torna tão difícil despertar interesse num drama onde se não introduza uma intriga amorosa; e, contudo, não obstante o uso diário que se lhe dá, o assunto nunca se esgota.

Quando o instinto dos sexos se manifesta na consciência de cada indivíduo de uma maneira vaga, geral e sem determinação precisa, é a vontade de viver absoluta, fora de todo o fenômeno, que surge. Quando num ser consciente o instinto do amor se especializa num determinado indivíduo, é essa mesma vontade que aspira a viver num ente novo e distinto, exatamente determinado. E, nesse caso, o instinto do amor todo subjetivo dá ilusão à consciência, e sabe muito bem cobrir-se com a máscara de uma admiração objetiva, porque a natureza carece desse estratagema para atingir os seus fins. Por muito desinteressada e ideal que possa parecer a admiração por uma pessoa amada, o alvo final é na realidade a criação de um novo ser, determinado na sua natureza: prova-o o fato de o amor não se contentar com um sentimento recíproco, mas exigir a posse, o essencial, isto é, o gozo físico. A certeza de ser amado não poderia consolar a privação daquela de que se ama; e, em semelhante caso, mais de um amante tem dado um tiro nos miolos. Sucede, ao contrário, que há pessoas muito apaixonadas que, não conseguindo ser correspondidas, se contentam com a posse, isto é, com o gozo físico.

Dá-se esse caso em todos os casamentos obrigados, nos amores venais ou nos que se obtêm pela violência. Que uma criança seja gerada, é esse o alvo único, verdadeiro, de todo o romance de amor, embora os namorados não se dêem por isso: a intriga que conduz ao desenlace é coisa acessória. – As almas nobres, sentimentais, ternamente apaixonadas podem protestar contra o áspero realismo da minha doutrina; os seus protestos não têm razão de ser. Não são a constituição e o caráter preciso e determinado da geração futura um alvo infinitamente mais elevado, infinitamente mais nobre que os seus sentimentos impossíveis e as suas quimeras ideais? E então, entre todos os fins que tem a vida humana, pode haver um mais considerável? Só esse explica os profundos ardores do amor, a gravidade do papel que ele representa, a importância que comunica aos mais ligeiros incidentes. Não se deve perder de vista

45

esse fim real, se quisermos explicar tantas manobras, tantos rodeios, tantos esforços, e esses tormentos infinitos para se obter o ente amado, quando, à primeira vista, parecem tão desproporcionados. É a geração futura, na sua determinação absolutamente individual, que caminha para a existência por meio dessas dores e desses esforços.

Sim, é ela própria que se agita já na escolha circunspecta, determinada, teimosa, procurando satisfazer esse instinto que se chama o amor; é já a vontade de viver do novo indivíduo que os amantes podem e desejam gerar. Que digo eu? Já na troca dos olhares cheios de desejos se ilumina uma vida nova, se anuncia um ente futuro, criação completa, harmoniosa. Aspiram a uma união verdadeira, a uma fusão num único ser; esse ente que vão gerar será como que o prolongamento da sua existência, será a plenitude; nele as qualidades hereditárias dos pais, reunidas, continuam a viver. Ao contrário, uma antipatia recíproca e obstinada entre um homem e uma donzela é sinal de que não podiam gerar senão um ente mal constituído, sem harmonia e desgraçado. É portanto com um profundo sentido que Calderon representa a cruel Semiramis, a quem chama uma filha do ar, com o fruto de uma violação, seguida pelo assassínio do esposo. Essa força soberana que atrai exclusivamente um para o outro dois indivíduos de sexo diferente é a vontade de viver manifesta em toda a espécie: procura realizar-se segundo os seus fins na criança que deve nascer deles; terá do pai a vontade ou o caráter; da mãe, a inteligência; de ambos, a constituição física; entretanto, as feições reproduzirão mais vezes as do pai; a figura assemelhar-se-á mais frequentemente à da mãe...

Se é difícil explicar o caráter muito especial e exclusivamente individual de cada homem, não é menos difícil compreender o sentimento igualmente particular e exclusivo que impele duas pessoas uma para a outra; no fundo, essas duas coisas formam uma apenas. A paixão é implicitamente o que a individualidade é explicitamente. O primeiro passo para a existência, o verdadeiro *punctum saliens*[11] da vida, é, na realidade, o momento em que os nossos pais começam a se amar – *to fancy each other*[12], segundo uma admirável expressão inglesa –, e, como dissemos, é do encontro e da atração dos seus olhares ardentes que nasce o primeiro germe do novo ente, gérmen frágil, pronto a desaparecer como todos os germens. Esse novo indivíduo é de algum modo uma nova ideia platônica: e como todas as ideias empregam um esforço violento

---

11. Ponto saliente, ponto principal. (N.T.D.M.M.)
12. A gostar um do outro. (N.T.D.M.M.)

para chegarem a se manifestar no mundo dos fenômenos, ávidos de se apoderarem da matéria favorável que a lei da causalidade lhes dá em partilha, assim essa ideia particular de uma individualidade humana tende com uma violência, um ardor extremo, a realizar-se num fenômeno. Essa energia, essa impetuosidade, é justamente a paixão que os futuros pais experimentam um pelo outro. Tem graus infinitos cujos dois extremos poderiam ser designados sob o nome de amor vulgar e de amor divino – mas quanto à essência do amor, é em toda a parte e sempre a mesma. Nos seus diversos graus, é tanto mais poderosa quanto é mais individualizada; em outros termos, é tanto mais forte quanto a pessoa amada, pelas suas qualidades e pelas suas maneiras de ser, é mais capaz, com exclusão de todas as pessoas, de responder ao desejo particular e à necessidade determinada que fez nascer naquele que a ama.

O amor, por essência e ao primeiro movimento, é impelido para a saúde, para a força, para a beleza, para a mocidade, que é sua expressão, porque a vontade deseja, antes de tudo, criar entes capazes de viver com o caráter integral da espécie humana; o amor vulgar não vai mais longe. Depois sucedem-se outras exigências mais especiais, que aumentam e fortificam a paixão. O amor forte só pode existir na perfeita conformidade de dois entes... E como não existem dois indivíduos absolutamente semelhantes, todo homem deve encontrar numa determinada mulher as qualidades que correspondam melhor às suas próprias qualidades, sempre do ponto de vista das crianças que hão de nascer. Quanto mais raro é esse encontro, mais raro é também o amor verdadeiramente apaixonado. É precisamente porque cada um de nós tem em si esse grande amor que compreendemos a descrição que o gênio dos poetas nos faz desse sentimento. Dado o caso dessa paixão do amor visar exclusivamente ao ente futuro e às qualidades que devem adorná-lo, pode suceder que entre um rapaz e uma rapariga, aliás agradáveis e bem conformados, nasça uma simpatia de sentimento, de caráter e de espírito que dê origem a uma amizade estranha ao amor; pode mesmo suceder que, sobre este último ponto, haja entre eles uma certa antipatia. O resultado seria faltar às crianças que nascessem deles a harmonia intelectual ou física, e, numa palavra, a sua existência e a sua constituição não corresponderiam aos planos a que se propõe: a vontade de viver no interesse da espécie. Pode suceder, pelo contrário, que, a despeito da dessemelhança dos sentimentos, do caráter e do espírito, a despeito da repugnância e mesmo da aversão que daí resultem, o amor contudo nasça e subsista, porque é cego sobre essas incompatibilidades. Se daí resultar um casamento, esse enlace será necessariamente muito infeliz.

Aprofundemos agora o assunto. O egoísmo tem em cada homem raízes tão fundas que os motivos egoístas são os únicos com que se pode contar com segurança para excitar a atividade de um ser individual. A espécie, é certo, tem sobre o indivíduo um direito anterior, mais imediato e mais considerável que a individualidade efêmera. Todavia, quando urge que o indivíduo proceda e se sacrifique pela manutenção e pelo desenvolvimento da espécie, a sua inteligência completamente dirigida para as aspirações individuais apenas compreende a necessidade desse sacrifício, e a ela acaba por submeter-se logo. Para atingir o seu fim, é portanto necessário que a natureza engane o indivíduo com alguma ilusão, em virtude da qual ele veja a própria felicidade no que não é, realmente, senão o bem da espécie; o indivíduo torna-se, assim, o escravo inconsciente da natureza no momento em que julga obedecer apenas aos seus desejos. Uma pura quimera, logo desfeita, paira-lhe diante dos olhos o faz proceder.

Essa ilusão não é mais do que o instinto. É ele que, na maioria dos casos, representa o sentido da espécie, os interesses da espécie ante a vontade. Mas como aqui a vontade torna-se individual, deve ser enganada de modo que conceba, pelo sentido do indivíduo, os desígnios que o sentido da espécie tem sobre ela; assim, julga trabalhar em proveito do indivíduo, quando na realidade apenas trabalha para a espécie, no sentido mais especial. É no animal que o instinto representa o maior papel e que a sua manifestação exterior pode se observar melhor; mas quanto aos caminhos secretos do instinto, como para tudo o que é interior, não podemos aprender a conhecê-los senão em nós mesmos. Imagina-se, é verdade, que o instinto tem pouco império no homem, ou pelo menos que só se manifesta no recém-nascido, procurando apoderar-se do seio da mãe.

Mas, na realidade, há um instinto muito determinado, muito manifesto e principalmente muito complicado, que nos guia na escolha tão fina, tão séria, tão particular da pessoa que se ama e cuja posse se deseja. Se apenas se ocultasse sob o prazer do sentido a satisfação de uma necessidade imperiosa, a beleza ou a lealdade do outro indivíduo seria indiferente. A procura apaixonada pela beleza, o apreço que se dá a ela, a escolha a que se procede, não dizem, pois, respeito ao interesse pessoal daquele que escolhe, embora assim o imagine, mas evidentemente ao interesse do futuro ente, no qual importa manter o mais possível integral e puro o tipo da espécie. De fato, mil acidentes físicos e mil desgraças morais podem acusar um defeito no rosto humano; portanto, o verdadeiro tipo humano, em todo o seu conjunto, é sempre novamente restabelecido, graças a esse sentimento da beleza que sempre domina e dirige o instinto dos sexos, sem o que o amor não passaria de uma necessidade revoltante.

Não há, pois, homem nenhum que primeiro não deseje ardentemente e não prefira as criaturas mais belas, porque realizam o tipo mais puro da espécie; depois há de procurar principalmente as qualidades que lhe faltam, ou as imperfeições opostas àquelas que ele próprio tem e as considerará belas; daí vem, por exemplo, que as mulheres altas agradam aos homens baixos, e que os loiros gostam das morenas etc. O entusiasmo vertiginoso que se apodera do homem à vista de uma mulher cuja beleza responde ao seu ideal, e faz brilhar aos seus olhos a miragem da felicidade suprema se conseguir a ela se unir, não é outra coisa senão o sentido da espécie que reconhece o seu cunho claro e brilhante, e que por ela gostaria de se perpetuar.

Essas considerações derramam uma luz viva sobre a natureza íntima de todo o instinto; como se depreende delas, o seu papel consiste quase sempre em fazer que o indivíduo proceda para o bem da espécie. Porque, evidentemente, a solicitude de um inseto em encontrar uma certa flor, um determinado fruto, um excremento ou um bocado de carne, ou então, como o icnêumon,[13] a larva de outro inseto para depor aí os ovos, e a indiferença com que enfrenta o trabalho e o perigo quando se trata de conseguir o almejado, são muito análogas à preferência exclusiva do homem por uma certa mulher, aquela cuja natureza individual corresponde à sua: procura-a com tão apaixonado zelo que, a despeito da razão, é mais fácil sacrificar a felicidade da sua vida do que errar o seu alvo; não recua ante um casamento insensato, nem ante ligações ruinosas, nem ante a desonra, nem ante atos criminosos, como o adultério e a violação, e isso apenas para servir aos fins da espécie, sob a lei soberana da natureza, em detrimento do próprio indivíduo. Em toda parte, o instinto parece dirigido por uma intenção individual, embora lhe seja completamente estranha.

Todas as vezes em que o indivíduo, entregue a si próprio, for incapaz de compreender os desígnios da natureza, ou impelido a resistir-lhe, ela faz surgir o instinto; eis porque esse foi dado aos animais, e principalmente aos animais inferiores mais destituídos de inteligência; porém, o homem não se submete a ele senão no caso especial de que nos ocupamos. Não é porque o homem seja incapaz de compreender o fim da

---

13. Inseto parasita cujas larvas devoram os tecidos das suas vítimas até acarretar-lhes a morte.

natureza, mas não o levaria a cabo com todo o necessário zelo, mesmo à custa da sua felicidade particular. Assim, nesse instinto, como em todos os outros, a verdade reveste-se de ilusão para atuar sobre a vontade. É uma ilusão de voluptuosidade que faz cintilar aos olhos do homem a imagem enganadora de uma felicidade soberana nos braços da formosura que, a seu ver, nenhuma outra criatura humana iguala; outra ilusão, ainda, quando imagina que a posse de um único ente no mundo lhe assegura uma felicidade sem medida e sem limites. Julga sacrificar ao seu mero gozo a dificuldade e os esforços, enquanto na realidade só trabalha para a manutenção do tipo integral da espécie, para a procriação de um certo indivíduo perfeitamente determinado, que carece dessa união para se realizar e entrar na existência. É tanto assim o caráter do instinto – proceder em vista de um fim de que, contudo, não tem a ideia – que o homem, levado pela ilusão que o empolga, sente algumas vezes horror pelo fim a que é conduzido, que é a procriação dos seres; desejaria mesmo se opor a ele; é o caso que se dá em quase todas as ligações fora do casamento. Satisfeita a paixão, todo amante experimenta uma decepção estranha; admira-se de que o objeto de tantos desejos apaixonados só lhe proporcione um prazer efêmero, seguido de um rápido desencanto. Esse desejo é, de fato, em comparação com outros desejos que agitam o coração do homem, como a espécie é para o indivíduo, como o infinito é para o finito. Só a espécie, pelo contrário, aproveita da satisfação desse desejo, mas o indivíduo não tem a consciência disso; todos os sacrifícios que se impôs, impelido pelo gênio da espécie, serviram para um fim que não era o seu. Também todo amante, depois de realizada a grande obra da natureza, encontra-se enganado; porque a ilusão que o tornava vítima da espécie desfez-se. Platão disse muito bem: *Voluptas omnium maxime vaniloqua*[14].

Essas considerações lançam nova luz sobre os instintos e o sentido estético dos animais. Também esses são escravos dessa espécie de ilusão que lhes oferece a miragem enganadora do próprio gozo, enquanto trabalham tão assiduamente para a espécie e com tão absoluto desinteresse: é desse modo que o pássaro constrói o ninho, o inseto procura o local adequado para depor os ovos, ou se entrega à caça de uma presa de que ele não gozará, que deve servir de alimento às larvas futuras e que colocará ao lado dos ovos; é assim também que a abelha, a vespa, a formiga trabalham nas suas construções futuras e tomam as mais complicadas disposições. O que dirige todos esses animais é evidentemente uma

---

14. Dentre os que falam em vão, o prazer é o maior. (N.T.D.M.M.)

ilusão que põe a serviço da espécie a máscara de um interesse egoísta. É essa a única explicação verossímil do fenômeno interno e subjetivo que dirige as manifestações do instinto. Mas vendo as coisas pelo exterior, notamos nos animais mais escravos do instinto, principalmente nos insetos, uma predominância do sistema ganglionar, isto é, do sistema nervoso subjetivo sobre o sistema cerebral ou objetivo; donde se conclui que os animais são impelidos não tanto por uma inteligência objetiva e exata como por meio de representações subjetivas, excitando desejos que provêm da ação do sistema ganglionar sobre o cérebro, o que prova bem que se encontram sob o domínio de uma espécie de ilusão: e essa será a marcha fisiológica de todo o instinto. – Como esclarecimento, mencionarei ainda outro exemplo, menos característico, é certo, do instinto no homem: é o apetite caprichoso das mulheres grávidas, que parece se originar no fato de o alimento do embrião exigir por vezes uma modificação particular ou determinada do sangue que a ele aflue: então o alimento mais favorável apresenta-se ato contínuo ao espírito da mulher grávida como objeto de vivo desejo, o que é ainda uma ilusão. A mulher teria, portanto, mais um instinto do que o homem. O sistema ganglionar é também muito mais desenvolvido na mulher. – A excessiva predominância do cérebro explica por que o homem tem menos instinto que os animais e porque seus instintos podem algumas vezes desviar-se da regra. Assim, por exemplo, o sentido da beleza que dirige a escolha na procura do amor perde-se quando esse degenera em vício contra a natureza; desse modo, uma certa mosca (*musca vomitoria*) em vez de dispor os ovos, segundo o seu instinto, sobre a carne em decomposição, depõe-nos sobre a flor do *arum dracunculus*, enganada pelo cheiro cadavérico dessa planta.

    O amor tem, portanto, sempre por fundamento um instinto dirigido para a reprodução da espécie; essa verdade a nós parecerá evidentemente clara se examinarmos o caso detidamente, como faremos.

    Em primeiro lugar, deve-se considerar que o homem é, por temperamento, sujeito à inconstância no amor; a mulher, à fidelidade. O amor do homem declina de um modo sensível desde o momento em que foi satisfeito: dir-se-ia que todas as outras mulheres lhe oferecem mais atrativos do que a que possui; aspira à mudança. O amor da mulher, pelo contrário, aumenta a partir desse momento. É essa uma consequência do fim da natureza, que é dirigido para a manutenção, e por conseguinte para o aumento mais considerável possível, da espécie. O homem, de fato, pode facilmente gerar mais de cem crianças num ano, se tiver outras tantas mulheres à sua disposição; a mulher, embora tivesse o mesmo número de maridos, não poderia dar à luz mais do que uma criança por ano, excetuando-se gêmeos. Por isso o homem anda sempre à procura de outras mulheres, enquanto a mulher permanece fielmente dedicada a um só homem, porque a natureza a impele instintivamente e sem reflexão a conservar junto de si aquele que deve alimentar e proteger a pequena família futura. Daí resulta que a fidelidade no casamento é artificial para o homem e natural para a mulher, e portanto o adultério da mulher, devido às consequências que acarreta, e porque é contra a natureza, é muito mais imperdoável que o do homem.

Quero aprofundar a questão até o âmago para convencer e provar que o gosto pelas mulheres, por muito objetivo que possa parecer, não é senão um instinto disfarçado, isto é, o sentido da espécie que se esforça por lhe manter o tipo. Devemos procurar mais de perto e examinar mais especialmente as considerações que nos dirigem à perseguição desse prazer, embora façam uma figura singular numa obra filosófica as particularidades que passamos a indicar. Estas considerações dividem-se assim: há primeiro as que dizem respeito diretamente ao tipo da espécie, isto é, à beleza; há as que visam às qualidades psíquicas; e, por último, as considerações puramente relativas, a necessidade de corrigir e de neutralizar umas pelas outras as disposições particulares e anormais dos dois indivíduos. Examinemos separadamente cada uma dessas divisões.

A primeira consideração que dirige a nossa inclinação e a nossa escolha é a idade. Em geral, a mulher que escolhemos encontra-se na idade compreendida entre o fim e o começo dos mênstruos; damos todavia uma preferência decisiva ao período que decorre dos dezoito aos vinte e oito anos. Nenhuma mulher nos atrai não estando nas condições precedentes. Uma mulher idosa, isto é, uma mulher incapaz de ter filhos, só nos inspira um sentimento de aversão. A mocidade sem beleza sempre tem atrativos; a beleza sem mocidade não tem nenhum. Evidentemente, a intenção inconsciente que nos dirige não é outra senão a possibilidade geral de ter filhos; portanto, qualquer indivíduo perde em atrativo para o outro sexo segundo se encontra mais ou menos afastado do período próprio para a geração ou para a concepção. A segunda consideração é a saúde: as doenças agudas só perturbam as nossas inclinações dum modo passageiro; as doenças crônicas, as caquexias, pelo contrário, assustam ou afastam, porque se transmitem à criança. A terceira consideração é o esqueleto, porque é a base do tipo da espécie. Depois da idade e da doença, o que sobretudo nos afasta é uma conformação defeituosa: o mais lindo rosto não pode compensar um corpo deformado; mas um rosto feio num corpo direito será sempre preferido. O que se nota mais é um defeito do esqueleto, por exemplo, a estatura baixa numa pessoa gorda; as pernas demasiado curtas, ou ainda o andar cambaio, quando não é consequência dum acidente exterior. Pelo contrário, um corpo notavelmente belo compensa muitos defeitos, encanta-nos. A extrema importância que todos atribuímos aos pés pequenos também se relaciona com essas considerações; são de fato um caráter essencial da espécie, pois nenhum outro animal tem o tarso e o metatarso reunidos tão pequenos como o homem, o que lhe torna o andar vertical; é um plantígrado. Jesus Sirach diz a esse respeito (Sir 26, 23, segundo a tradução correta de Kraus): "uma mulher bem feita e com bonitos pés é comparável a colunas de ouro sobre sacos de prata".

A importância dos dentes não é menor, porque servem para a alimentação e são especialmente hereditários. – A quarta consideração é uma certa abundância de carnes, isto é, a predominância da faculdade vegetativa, da plasticidade, porque promete ao feto um alimento rico; é por isso que uma mulher alta e magra desagrada ao homem dum modo surpreendente. Os seios bem redondos e bem conformados exercem uma fascinação notável sobre os homens, pois, encontrando-se em relação direta com as funções da geração da mulher, prometem ao recém-nascido uma boa alimentação. As mulheres nutridas em excesso provocam a nossa repugnância, porque esse estado mórbido é sinal de atrofia do útero, e portanto uma marca de esterilidade; não é a inteligência que o sabe, é o instinto.

A beleza do rosto só se toma em consideração em último lugar. Também nesse ponto é a parte óssea que se nota antes de tudo; procura-se principalmente um nariz bem feito, enquanto um nariz pequeno, arrebitado, prejudica tudo. Uma leve inclinação no nariz, na parte superior ou inferior, tem decidido a sorte duma infinidade de raparigas, e com razão, pois trata-se de manter o tipo da espécie. Uma boca pequena, formada de pequenos ossos maxilares, é muito essencial como caráter específico do rosto humano, em oposição à goela dos animais. Um queixo fugitivo, e por assim dizer amputado, é particularmente desagradável, visto que um queixo proeminente (*mentum prominulum*) é um traço de caráter da nossa espécie. Considera-se em último lugar os olhos belos e a fronte, que se ligam às qualidades psíquicas, principalmente às qualidades intelectuais, que fazem parte da herança da mãe.

Não podemos naturalmente enumerar com tanta exatidão as considerações inconscientes às quais se liga a inclinação das mulheres. Eis o que se pode afirmar de modo geral. É a idade de trinta a trinta e cinco anos que elas preferem à qualquer outra, mesmo a dos jovens, que contudo representam a flor da beleza masculina. A causa é serem dirigidas não pelo gosto, mas pelo instinto, que reconhece nesses anos o apogeu da força geradora. Em geral, dão pouca importância à beleza, principalmente à do rosto; como se elas só se encarregassem de a transmitir à criança. É acima de tudo a coragem e a força do homem que lhes conquista o coração, porque essas qualidades são penhor de uma geração de crianças robustas, e parecem lhes assegurar no futuro um protetor corajoso. Qualquer defeito físico do homem, qualquer desvio do tipo, pode a mulher suprimi-los na criança durante a geração, se as partes correspondentes da sua constituição, defeituosas no homem, são nela irrepreensíveis, ou ainda exageradas em sentido inverso. É preciso excetuar apenas as qualidades do homem particulares ao seu sexo, e que a mãe portanto não pode dar à criança; por exemplo, a estrutura masculina do esqueleto, ombros largos, ancas estreitas, pernas direitas, força dos músculos, coragem, barba etc. Daqui procede que as mulheres amam muitas vezes homens feios, mas nunca homens efeminados, porque não podem neutralizar semelhante defeito.

A segunda ordem de considerações importantes no amor diz respeito às qualidades psíquicas. Encontraremos aqui que são as qualidades de coração ou de caráter do homem que atraem a mulher, porque a criança recebe esses predicados do pai. É antes de tudo uma vontade firme, a decisão, a coragem e talvez ainda a retidão e a bondade do coração que conquistam a mulher. As qualidades intelectuais, pelo contrário, não exercem sobre ela nenhuma ação direta e instintiva, justamente porque o pai não as transmite aos filhos. A estupidez não prejudica os homens junto às mulheres: um espírito superior ou mesmo o gênio, pela sua desproporção, tem muitas vezes um efeito deplorável. Vê-se frequentemente um homem feio, estúpido e grosseiro suplantar junto às mulheres um outro bem feito, espirituoso, delicado. Observam-se igualmente casamentos de inclinação entre pessoas tão diferentes quanto é possível do ponto de vista do espírito: ele, por exemplo, brutal, robusto e estúpido; ela, meiga, impressionável, pensando delicadamente, instruída, artista etc.; ou então ele, muito sábio, cheio de talento; ela, uma pateta:

> Sic visum Veneri; cui placet impares
> formas atque animos sub juga aénea.
> Saevo mittere cum joco.[15]

---

15. Assim é decidido por Vênus; que une sob seu jugo de bronze / formas e mentes bem diferentes. / Tudo por uma piada cruel. (N.T.D.M.M.)

A razão é que as considerações que predominam aqui nada têm de intelectual, dizem respeito ao instinto. No casamento, o que se tem em vista não é um colóquio cheio de espírito, é a procriação das crianças; o casamento é uma união de corações, e não de cabeças. Quando uma mulher afirma que está enamorada do espírito de um homem, é uma pretenção vã e ridícula, ou exaltação de um ente degenerado.

Os homens, pelo contrário, no amor instintivo, não são determinados pelas qualidades de caráter da mulher; é por essa razão que tantos Sócrates encontraram as suas Xântipes, por exemplo Shakespeare, Alberto Durer, Byron etc. Todavia, as qualidades intelectuais têm aqui uma grande influência, porque são transmitidas pela mãe; mas a sua influência é facilmente excedida pela da beleza física, que atua mais diretamente em pontos mais essenciais. Sucede contudo que muitas mães, instruídas pela experiência dessa influência intelectual, mandam ensinar às filhas as belas-artes, as línguas etc., a fim de torná-las atraentes aos futuros maridos; procuram, desse modo, ajudar a inteligência por meios artificiais, assim como, em caso de necessidade, procuram desenvolver as ancas e o peito. Notemos bem que nesse caso trata-se apenas de atração instintiva e imediata, que só dá origem à verdadeira paixão do amor. Que uma mulher inteligente e instruída aprecie a inteligência e o espírito num homem, que um homem razoável, refletido, experimente o caráter da noiva, e o tenha em consideração, isso nada influi nesse caso: procede assim a razão no casamento quando é ela que escolhe, mas não o amor apaixonado de que nos ocupamos exclusivamente.

Até agora, apenas tenho tratado das considerações absolutas, isto é, daquelas que são de um efeito geral; passo, em seguida, às considerações relativas, que são individuais, porque nelas o fim é retificar o tipo da espécie, já alterado, corrigir os defeitos do tipo que a própria pessoa que escolhe tem em si, voltar dessa maneira a uma representação desse tipo.

Toda constituição sexual é uma constituição. A escolha individual, que se funda nessas considerações puramente relativas, é bem mais determinada, mais decidida e mais exclusiva que a escolha que se baseia nas considerações absolutas; é dessas considerações relativas que nasce de ordinário o amor apaixonado, enquanto os amores comuns e passageiros só são guiados por considerações absolutas. Nem sempre é a beleza regular e perfeita que origina as grandes paixões. Para uma inclinação verdadeiramente apaixonada, é mister uma condição que só nos é dada exprimir por uma metáfora tirada à química. As duas pessoas devem neutralizar-se, como um ácido e um álcali formam um sal neutro.

Toda constituição sexual é uma constituição incompleta; a imperfeição varia com os indivíduos. Num e noutro sexo, cada ser é uma parte do todo incompleta e imperfeita. Essa parte, porém, pode ser mais ou menos considerável, segundo os temperamentos. Por isso cada indivíduo encontra o seu complemento natural num determinado indivíduo do sexo diferente que representa, de algum modo, a fração indispensável ao tipo completo, que o acaba e lhe neutraliza os defeitos, e produz um tipo perfeito da humanidade no novo indivíduo que deve nascer; porque é sempre à constituição desse futuro ser que tudo incessantemente converge.

Os fisiologistas sabem que a sexualidade, tanto no homem como na mulher, apresenta-se em diversos graus; a virilidade pode descer ao horrível ginandro, chegando à hipospadia, assim como há, entre as mulheres, graciosos andróginos; os dois sexos podem atingir o hermafrodismo completo, esses indivíduos que conservam o justo meio entre os dois sexos e não pertencem a nenhum são incapazes de se reproduzir. – Para a neutralização de duas individualidades uma pela outra, é necessário que o grau determinado de sexualidade num certo homem corresponda exatamente ao grau de sexualidade numa certa mulher, a fim de que essas duas disposições parciais se compensem justamente.

É por essa razão que o homem mais viril procurará a mulher por excelência, e vice-versa. Os amantes medem por instinto essa parte proporcional necessária a cada um deles, e esse cálculo inconsciente encontra-se com outras considerações no fundo de todas as grandes paixões. Portanto, quando os enamorados falam num tom patético da harmonia das suas almas, deve-se compreender, na maior parte das vezes, em harmonia das qualidades físicas próprias de cada sexo, e de modo que deem origem a um ente perfeito; essa harmonia importa bem mais do que o acordo das suas almas, que, após a cerimônia, torna-se frequentemente num atroz desacordo. A isso acrescentam-se as considerações relativas mais afastadas que repousam sobre o fato de que cada um procura neutralizar pela outra pessoa as suas fraquezas, imperfeições, e todos os defeitos do tipo normal, com receio que se perpetuem na criança futura, ou se exagerem e se tornem deformidades. Quanto mais fraco é o homem do ponto de vista da força muscular, mais há de procurar mulheres fortes; e a mulher procederá da mesma forma. Como é todavia uma lei da natureza ter a mulher uma força muscular mais fraca, é igualmente natural que as mulheres prefiram os homens robustos. – A estatura é também uma consideração importante. Os homens baixos têm uma tendência decidida pelas mulheres altas e reciprocamente... A aversão de uma mulher alta pelos homens altos é, no fundo dos desígnios da natureza, para evitar uma raça gigantesca, quando a força transmitida pela mãe fosse assaz fraca para assegurar uma longa duração a essa raça excepcional. Se uma mulher escolhe um marido alto, entre outros motivos para fazer melhor figura na sociedade, são os descendentes que hão de expiar essa loucura... Até mesmo nas diversas partes do corpo cada um procura um corretivo aos próprios defeitos, e tanto maior é o cuidado quanto mais importante é considerada determinada parte. Assim, aqueles que têm o nariz chato contemplam com inexplicável prazer um nariz aquilino, um perfil de papagaio; e assim com tudo o mais. Os homens magros e altos admiram uma criaturinha bastante cheia e pequena. Assim sucede com o temperamento: cada um prefere o que é oposto ao seu, e essa preferência é sempre proporcionada à energia do seu temperamento. Isso não quer dizer que uma pessoa perfeita num ponto qualquer goste das imperfeições contrárias; contudo suporta-as mais facilmente do que outros as suportariam, porque as crianças encontram nessas qualidades uma garantia contra uma imperfeição maior. Por exemplo, uma pessoa muita branca não sentirá repugnância por uma tez cor de azeitona; mas aos olhos de qualquer pessoa bastante morena, um rosto extremamente branco parece divinamente belo. – Há casos excepcionais em que um homem pode se apaixonar por uma mulher decididamente feia: e isso ocorre de acordo com a lei da concordância dos sexos, quando o conjunto dos defeitos e das irregularidades físicas da mulher é a perfeita antítese, e, por conseguinte, o corretivo dos do homem. Nesse caso, a paixão atinge geralmente um grau extraordinário.

O indivíduo obedece em tudo isso, sem que o saiba, a uma ordem superior, à da espécie; daí a importância que o liga a certas coisas, que, de outro modo, poderiam e deveriam ser a ele indiferentes. – Não há nada mais singular que a seriedade profunda, inconsciente, com que dois jovens de sexos diferentes, que se veem pela primeira vez, se observam mutuamente; o olhar inquisitorial e penetrante que lançam um ao outro; a minuciosa inspeção que a todos os respeitos as suas respectivas pessoas têm de sofrer.

Essa curiosidade, esse exame, é a meditação do gênio da espécie sobre a criança que eles poderiam procriar, e a combinação dos seus elementos constitutivos. O resultado dessa meditação há de determinar o grau da simpatia que os atrai e os seus recíprocos desejos. Depois de haver atingido um certo grau, esse primeiro movimento pode estacar subitamente pela descoberta de alguma minúcia que até ali passara despercebida. – Assim o gênio da espécie medita a geração futura; e a grande obra de Cupido, que especula, pensa e procede incessantemente, é preparar-lhe a constituição. Em face dos grandes interesses de toda a espécie, presente e futura, a vantagem dos indivíduos efêmeros tem pouca importância: o deus está sempre pronto a sacrificá-los sem piedade. Porque o gênio da espécie é, relativamente aos indivíduos, como um imortal para os mortais, e os seus interesses são para com os dois homens o que o infinito é para o finito. Sabendo, pois, que só dizem respeito a um bem ou a um mal individual, dirige-os com suprema impassibilidade em meio ao tumulto da guerra, na agitação dos negócios, por meio dos horrores de uma peste, persegue-os até no retiro do claustro.

Vimos que a intensidade do amor aumenta à medida que se individualiza. Assim provamos: a constituição física de dois indivíduos pode ser tal que, para melhorar o tipo da espécie e torná-lo absolutamente perfeito, um desses indivíduos deva ser o complemento do outro. Atrai-os então um desejo mútuo e exclusivo; e pelo único fato de se fixar sobre um só objeto, e por representar ao mesmo tempo uma missão especial da espécie, esse desejo toma logo um caráter nobre e elevado. Pela razão oposta, o puro instinto sexual é um instinto vulgar, porque não se dirige a um indivíduo único, mas a todos, e procura conservar a espécie apenas pelo número, sem se importar com a qualidade.

Quando o amor se dedica a um único ente, atinge então uma tal intensidade, um tal grau de paixão que, se não puder ser satisfeito, todos os bens do mundo e a própria vida perdem o seu valor. É uma paixão de uma violência que nada iguala, que não recua ante sacrifício algum, e que pode conduzir à loucura ou ao suicídio. As causas inconscientes de uma paixão tão excessiva devem diferir das que discutimos anteriormente, e não menos aparentes. Temos de admitir que não se trata aqui apenas de adaptação física, mas que, mais ainda, a vontade do homem e a inteligência da mulher leem entre si uma concordância especial, que faz que só eles possam gerar um certo ente completamente determinado: é a existência desse ente que o gênio da espécie tem em vista nesse caso, por motivos ocultos na essência do fato em si mesmo e que não nos são acessíveis. Por outros termos: a vontade de viver deseja aqui objetivar-se num indivíduo exatamente determinado, que só pode ser gerado por esse pai unido a essa mãe. Esse desejo metafísico da vontade em si não tem de começo outra esfera de ação na série dos seres, senão os corações dos futuros pais; levados por esse impulso, imaginam desejar para eles mesmos o que só tem um fim puramente metafísico, isto é, fora do círculo das coisas verdadeiramente existentes. Portanto, da fonte originária de todos os entes brota essa aspiração de um ente futuro, que encontra a sua ocasião única de entrar na vida; e essa aspiração manifesta-se na realidade das coisas pela paixão elevada e exclusiva dos pais futuros um pelo outro; no íntimo, ilusão sem igual que leva um enamorado a sacrificar todos os bens da terra para se unir a essa mulher – que afinal não lhe pode dar mais do que qualquer outra. É esse o único fim que se persegue, e prova-o o fato dessa sublime paixão, assim como todas as outras, se extinguir no gozo, com grande espanto dos interessados. – Extingue-se igualmente quando a mulher é estéril (o que, segundo Hufeland, pode resultar de dezenove vícios acidentais de constituição), e o fim metafísico desaparece: assim desaparecem diariamente milhões de germens, nos quais contudo também o mesmo princípio metafísico da vida aspira ao ser. Para isso só há a consolação de que a vontade de viver dispõe do infinito no espaço, no tempo e na matéria, e que uma ocasião inesgotável de repetição lhe é facultada.

O desejo de amor, que os poetas de todos os tempos se esmeram em exprimir sob mil formas sem nunca esgotar o assunto nem sequer o igualar, esse desejo que liga à posse de uma determinada mulher a ideia de uma felicidade infinita, e uma dor inexplicável ao pensamento de não poder obtê-la – esse desejo e essa dor não podem ter por princípio as necessidades de um indivíduo efêmero; esse desejo é o suspiro do gênio da espécie que, para realizar os seus desígnios, vê aqui uma ocasião única a aproveitar ou a perder, e que solta profundos gemidos. Só a espécie tem uma vida sem fim, e só ela é capaz de satisfações e de dores infinitas. Mas essas encontram-se encerradas no acanhado peito de um mortal: o que tem, pois, de extraordinário que esse peito pareça rebentar e não encontre expressões para descrever o pressentimento da voluptuosidade ou da dor infinita que o invade?

É bem esse o assunto de todas as poesias eróticas de gênero elevado, dessas metáforas transcendentes que pairam muito acima das coisas terrestres. É o que inspirava Petrarca, o que agitava os Saint-Preux, os Werther e os Jacopo Ortis; sem isso, seriam incompreensíveis e inexplicáveis. Esse valor infinito que os amantes ligam um ao outro não pode basear-se sobre raras qualidades intelectuais, sobre qualidades objetivas ou reais; simplesmente porque os amantes não se conhecem bastante; era esse o caso de Petrarca. Só o espírito da espécie pode abranger com um único olhar o valor que os amantes têm para ele, e como podem servi-lo para os seus fins. Por isso as grandes paixões nascem em geral do primeiro olhar.

Who ever lov'd, that lov'd not at first sight?[16]

Shakespeare

...Se a perda da bem amada, pelo fato de surgir um rival, ou pela morte, causa ao amante apaixonado uma dor que excede todas as outras, é justamente porque essa dor é de natureza transcendente, e não o atinge apenas como indivíduo, mas fere-o na sua *essentia aeterna*, na vida da espécie cuja vontade especial está encarregado de realizar. Por isso o ciúme é tão cheio de tormentos e tão feroz; e a renúncia à mulher amada, o maior de todos os sacrifícios. – Um herói coraria de romper em queixumes banais, mas não em queixumes de amor; porque, nesse caso, não é ele quem se lamenta, é a espécie. Na grande *Zenóbia*, de Calderon, há uma cena no segundo ato, entre Zenóbia e Decius, em que este lhe diz:

Cielos, luego tu me quieres?
Perdiera cien mil victorias,
Volviérame etc.[17]

Aqui, portanto, a honra, que até aquele momento suplantava qualquer outro interesse, foi vencida e posta em fuga logo que o amor, isto é, o interesse da espécie, entrou em cena e procurou obter a vantagem decisiva... Perante esse interesse cedem a honra, o dever e a fidelidade, depois de terem resistido a todas as outras tentações, mesmo à ameaça de morte. – Do mesmo modo, na vida particular não há ponto em que a probidade escrupulosa seja mais rara: as pessoas mais honestas e mais retas colocam-na à parte nesse ponto, e cometem o adultério, a despeito de tudo, quando o amor apaixonado, isto é, o interesse da espécie, se apodera delas. Dir-se-ia até que julgam ter consciência de um tal privilégio superior que os interesses individuais nunca concederiam; justamente porque procedem no interesse da espécie. Desse ponto de vista, o pensamento de Chamfort é digno de nota: "Quando um homem e uma mulher sentem um pelo outro uma paixão violenta, julgo sempre que, sejam quais forem os obstáculos que os separem, um marido, os pais etc., os dois amantes são um do outro pela natureza, pertencem-se pelo direito divino, não obstante as leis e as convenções humanas". Se rompesse protestos contra essa teoria, bastaria lembrar a espantosa indulgência com que o Salvador, no Evangelho, trata a mulher adúltera, quando pre-

---

16. Quem já amou, senão à primeira vista? (N.T.D.M.M.)
17. Céus! Então você me ama? / Eu sacrificaria cem mil vitórias / Eu teria voltado... (N.T.D.M.M.)

sume a mesma culpa em todos os assistentes. – A maior parte do *Decameron* parece ser, desse mesmo ponto de vista, uma pura zombaria, um puro sarcasmo do gênio da espécie sobre os direitos e os interesses dos indivíduos que calca aos pés. – O gênio da espécie afasta e aniquila sem esforços todas as diferenças de categoria, todos os obstáculos, todas as barreiras sociais. Dissipa como uma leve palha todas as instituições humanas, tendo apenas em consideração as gerações futuras. É sob o império de um interesse de amor que desaparece todo o perigo e que até o ente mais pusilânime encontra coragem.

E na comédia e no romance, com que prazer, com que simpatia seguimos os jovens que defendem o seu amor, isto é, o interesse da espécie, e que triunfam da hostilidade dos pais unicamente preocupados com os interesses individuais. Porque quanto mais a espécie é superior ao indivíduo, tanto mais a paixão excede em importância, em elevação e em justiça tudo o que a contraria.

O assunto fundamental de quase todas as comédias é a entrada em cena do gênio da espécie, com as suas aspirações e os seus projetos, ameaçando os interesses das outras personagens da peça e procurando destruir-lhes a felicidade. Geralmente consegue-o, e o desenlace, em harmonia com a justiça poética, satisfaz o espectador, porque sente que os desígnios da espécie são superiores aos dos indivíduos; terminada a peça, retira-se muito consolado, deixando os enamorados entregues à sua vitória, associando-se à ilusão de que eles fundaram a própria felicidade, quando realmente só a deram em sacrifício ao bem da espécie, a despeito da previdência e da oposição dos pais. Em certas comédias tentou-se representar o contrário, e realizar a felicidade dos indivíduos, com detrimento dos fins da espécie; mas nesse caso o espectador experimenta o mesmo pesar que o gênio da espécie, e a segura vantagem dos indivíduos não logra consolá-los. Como exemplo, acode-me à lembrança algumas peças muito conhecidas: *La reine de seize ans, Le mariage de raison*. Nas tragédias em que se trata de amor, os amantes sucumbem quase sempre; não conseguiram fazer triunfar os fins da espécie de que eles eram apenas os instrumentos como *Romeu e Julieta, Tancredo, Don Carlos, Wallenstein, a Noiva de Messine* e tantas outras.

Um apaixonado pode cair no cômico tão bem como no trágico, porque ambos os casos estão nas mãos do gênio da espécie, que o domina ao ponto de o arrancar a si próprio; os seus atos não estão em proporção com o seu caráter.

Daí procede, nos graus superiores da paixão, essa cor tão poética e sublime de que se lhe revestem os pensamentos, essa elevação transcendente e sobrenatural, que parece fazer-lhe perder completamente de vista o fim todo físico do seu amor. É porque o animam então o gênio da espécie e os seus interesses superiores. Recebeu a missão de fundar uma série indefinida de gerações dotadas de uma determinada constituição e formadas de certos elementos que só se podem encontrar num único pai e numa única mãe; só essa união pode dar existência à geração determinada que a vontade de viver exige expressamente. O sentimento que o amante tem de proceder em circunstâncias de uma importância tão transcendente transporta-o a uma tal altura acima das coisas terrestres e mesmo acima de si próprio, e reveste-lhe os desejos materiais de uma aparência de tal modo imaterial, que o amor é um episódio poético, mesmo na existência do homem mais prosaico, o que o torna por vezes ridículo. – Essa missão, que a vontade cuidadosa dos interesses da espécie impõe ao amante, apresenta-se sob a máscara de uma felicidade infinita que ele espera encontrar na posse da mulher que ama. Nos graus supremos da paixão, essa quimera é tão brilhante que, não se podendo atingir, a própria vida perde todo o encanto, e torna-se tão triste, tão sensaborona e insípida, que o tédio que ela causa excede mesmo o medo da morte; o desgraçado abrevia às vezes voluntariamente os seus dias. Nesse caso, a vontade do homem entrou no turbilhão da vontade da espécie, ou antes, esta última vence de tal modo a vontade individual, que se o amante não pode proceder na qualidade de representante dessa vontade da espécie, desdenha proceder em nome da sua vontade própria. O indivíduo é um vaso demasiado frágil para conter a aspiração infinita da vontade da espécie concentrada num objeto determinado. Não tem, pois, outro desfecho além do suicídio, às vezes até o suicídio dos dois amantes; a não ser que a natureza, para salvar a existência, deixe surgir a loucura que cobre com o véu a consciência de uma situação desesperada. – Todos os anos, vários casos análogos confirmam essa verdade.

    Mas não é só a paixão que tem, por vezes, um desenlace trágico; o amor satisfeito também conduz mais frequentemente à infelicidade do que à felicidade, porque as exigências do amor, em conflito com o bem-estar pessoal do amante, são de tal modo incompatíveis com as outras circunstâncias da sua vida e os seus planos de futuro que minam todo o edifício dos seus projetos, das suas esperanças e dos seus sonhos. O amor não está só em contradição com as relações sociais, mas também o está muitas vezes com o temperamento íntimo do indivíduo, quando se fixa sobre pessoas que, fora das relações sexuais, seriam odiadas pelo amante, desprezadas e mesmo aborrecidas. Mas a vontade da espécie tem um tal poder sobre o indivíduo que o amante cala as suas repugnâncias e fecha os olhos aos defeitos daquela que ama: passa ligeiramente sobre tudo, desconhece tudo, e une-se para sempre ao objeto do seu amor, de tal modo que o fascina essa ilusão, que se desvanece logo que a vontade da espécie se encontra satisfeita, e deixa atrás de si uma companheira detestada para toda a vida. Só desse modo se explica como homens sensatos e mesmo distintos unem-se a harpias e desposam megeras, e não compreendem como puderam fazer semelhante escolha. Eis porque os antigos representavam o amor de olhos vendados.

Pode até dar-se o caso de um enamorado reconhecer claramente os vícios intoleráveis de temperamento e de caráter da noiva, que lhe pressagiam uma existência atormentada, pode mesmo sofrer cruelmente, sem que tenha a coragem de renunciar a ela:

I ask not, I care not.
If guilt's in thy heart;
I know that I love thee,
Whatever thou art.[18]

Porque, no íntimo, não busca o seu próprio interesse, embora o imagine, mas o de um terceiro indivíduo, que deve nascer desse amor. Esse desinteresse, que é em tudo o cunho da grandeza, dá aqui ao amor apaixonado essa aparência sublime, e torna-o um digno objeto de poesia. Enfim, sucede que o amor se concilia com o ódio mais violento pelo ente amado; por isso Platão o comparou com o amor dos lobos pelas ovelhas. Esse caso apresenta-se quando um apaixonado, a despeito de todos os esforços e de todos os rogos, não consegue por preço algum fazer-se ouvir.

I love and hate her.[19]

Shakespeare (*Cymb.*, III, 5)

O ódio contra a mulher amada exalta-o e leva-o a matar a amante, matando-se em seguida. Há frequentemente desses exemplos nos jornais. Quanta verdade nestes versos de Goethe:

Par tout amour méprisé! par les éléments infernaux!
Je voudrais connaitre une imprécation encore plus atroce![20]

---

18. Não pergunto ou me preocupo / se há culpa em meu coração; / Sei que te amo / seja o que fores. (N.T.D.M.M.)
19. Eu a amo e a odeio. (N.T.D.M.M.)
20. Desprezado por todo o amor! pelos elementos infernais! / Eu gostaria de saber se há maldição ainda mais atroz! (N.T.D.M.M.)

Não é realmente uma hipérbole quando um enamorado chama cruelmente à frieza da sua amada, ou ao prazer que ela encontra em fazê-lo sofrer. Acha-se, de fato, sob a influência de uma inclinação que, análoga ao instinto dos insetos, o obriga, a despeito da razão, a seguir absolutamente o seu fim e a descurar o resto. Mais de um Petrarca teve de arrastar o seu amor durante a vida inteira, sem esperança, como uma corrente, como uma grilheta ao pé, e exalar os seus suspiros na solidão das florestas; mas só houve um Petrarca dotado ao mesmo tempo do dom da poesia; a ele se aplica o lindo verso de Goethe:

*Et quand l'homme dans sa douleur se tait,
Un dieu m'a donné d'exprimer combien je souffre.*[21]

O gênio da espécie está sempre em guerra com os gênios protetores dos indivíduos, é o seu perseguidor e inimigo, sempre pronto a destruir sem piedade a felicidade pessoal para chegar aos seus fins; e tem-se visto a salvação de nações inteiras depender, por vezes, dos seus caprichos; Shakespeare dá-nos um exemplo no *Henri VI* (parte 3, ato 3, cenas 2 e 3). De fato, a espécie na qual o nosso ser toma raiz tem sobre nós um direito anterior e mais imediato que o indivíduo: os seus interesses estão antes dos nossos. Os antigos bem o sentiram quando personificaram o gênio da espécie em Cupido, deus hostil, deus cruel, não obstante a sua aparência infantil, deus justamente depreciado, demônio caprichoso, despótico, e contudo mestre dos deuses e dos homens:

Tu, deorum hominumque tyranne, Amor![22]

Os seus atributos são flechas mortíferas, uma venda e asas. As asas provam a inconstância, consequência usual da decepção que acompanha o desejo satisfeito.

Como, realmente, a paixão se baseava sobre a ilusão de uma felicidade pessoal, em proveito da espécie, desde o momento que se paga o tributo à espécie, a ilusão deve se dissipar. O gênio da espécie que tomara posse do indivíduo abandona-o de novo à liberdade. Desse modo, recai nos acanhados limites da sua pobreza, e admira-se por ver que, após tantos esforços sublimes, heróicos e infinitos, nada lhe resta senão uma satisfação vulgar dos sentidos: contra toda a expectativa, não se encontra mais feliz do que antes. Compreende que foi ludibriado pela

---

21. E enquanto o homem se cala em sua dor, / Um deus me fez expressar o quanto eu sofro. (N.T.D.M.M.)

22. Tu, Amor, tirano de homens e deuses! (N.T.D.M.M.)

vontade da espécie. É, portanto, regra geral. Theseu, uma vez feliz, abandona Ariadna. Se a paixão de Petrarca houvesse sido satisfeita, o seu canto teria cessado, como o do pássaro logo que os ovos se encontram dispostos no ninho.

Notemos, de passagem, que a minha metafísica do amor desagradará com certeza aos enamorados que caíram na armadilha. Se fossem acessíveis à razão, a verdade fundamental que descobri torná-los-ia, mais do que qualquer outra, capazes de vencer o seu amor. Mas deve-se ter em consideração a sentença do velho poeta cômico: *Quae res in se neque consilium, neque modum habet ullum, eam consilio regere non potes*[23].

Os casamentos de amor são concluídos no interesse da espécie e não em proveito do indivíduo. Esses imaginam, é certo, que trabalham para a própria felicidade, mas o verdadeiro fim é-lhes estranho, visto que não é outro senão a procriação de um ser que só é possível por meio deles. Obedecendo ambos ao mesmo impulso, devem naturalmente procurar se entender o melhor possível. Muitas vezes, porém, graças a essa ilusão instintiva que é a essência do amor, o par assim formado acha-se no mais completo desacordo em tudo o mais. Vê-se perfeitamente logo que a ilusão se dissipou. Sucede então que os casamentos de amor são regularmente infelizes, porque asseguram a felicidade da geração futura, mas em detrimento da geração presente. *Quien se casa por amores, ha de vivir com dolores*[24], diz o provérbio espanhol. Sucede o contrário nos casamentos de conveniência, concluídos na maior parte segundo a escolha dos pais. As considerações que determinam essa espécie de casamentos, sejam de que natureza forem, têm pelo menos uma realidade e não podem desaparecer por si mesmas. Essas considerações são de modo que asseguram a felicidade dos esposos, mas com prejuízo das crianças que hão de nascer deles, e ainda essa felicidade permanece problemática. O homem que, casando, se preocupa mais ainda do dinheiro que da sua inclinação, vive mais no indivíduo do que na espécie, o que é absolutamente oposto à verdade, à natureza, e merece um certo desprezo.

Uma menina que, a despeito dos conselhos dos pais, recusa a mão de um homem rico e ainda novo, e repele todas as considerações de conveniência para escolher segundo o seu gosto instintivo, faz à espécie o sacrifício da sua felicidade individual. E justamente por esse motivo não se lhe deve recusar uma certa aprovação, porque preferiu o que importa

---

23. Não há como governar pela razão algo que, em si, não possui nem razão nem medida. (N.T.D.M.M.)

24. Quem se casa por amor, convive com a dor. (N.T.D.M.M.)

mais que tudo, procede no sentido da natureza (ou mais exatamente da espécie), enquanto os pais a aconselhavam no sentido do egoísmo individual. – Parece, portanto, que na conclusão de um casamento se devem sacrificar os interesses da espécie ou os do indivíduo. Quase sempre assim sucede, pois é raro ver as conveniências e a paixão caminharem de mãos dadas.

A miserável constituição física, moral ou intelectual da maioria dos homens provém, sem dúvida, em parte de se concluírem usualmente os casamentos não por escolha ou pura inclinação, mas por considerações exteriores de toda a espécie e segundo circunstâncias acidentais. Quando, juntamente com as conveniências, a inclinação é respeitada até um certo ponto, é como que uma transação que se faz com o gênio da espécie. Os casamentos felizes são, como se sabe, muito raros, porque é da essência do casamento ter como fim principal não a atual geração mas o futuro. Todavia acrescentemos ainda para consolação dos entes ternos e apaixonados que o amor ardente se associa por vezes a um sentimento de origem muito diversa, quero dizer a amizade, fundada sobre o acordo dos caracteres; mas só se declara depois do amor se extinguir no gozo. O acordo das qualidades complementares, morais, intelectuais e físicas, necessário do ponto de vista da geração futura para originar o amor, pode também, do ponto de vista dos próprios indivíduos, por uma espécie de oposição concordante de temperamento e de caráter, produzir a amizade.

Toda essa metafísica do amor que acabo de tratar liga-se estreitamente à minha metafísica em geral, dando-lhe uma nova luz, e eis como.

Vê-se que, no amor dos sexos, a escolha atenta, elevando-se pouco a pouco até o amor apaixonado, tem por base o interesse tão alto e tão sério que o homem toma pela constituição especial e pessoal da raça futura. Essa simpatia extremamente notável confirma duas verdades apresentadas nas páginas precedentes.

A primeira é a indestrutibilidade do ente em si, que sobrevive para o homem nessas gerações futuras. Essa simpatia, tão viva e tão ativa, que nasce não da reflexão e da intenção, mas das aspirações e das tendências mais íntimas do nosso ser, não poderia existir de modo tão indestrutível e exercer sobre o homem tão grande poder se este fosse absolutamente efêmero, e se as gerações se sucedessem perfeitamente distintas umas das outras, não tendo outro laço senão o da continuidade do tempo.

A segunda verdade é que o ser em si reside mais na espécie que no indivíduo. Porque esse interesse pela constituição particular da espécie, que se encontra na origem de todo o assunto de amor, desde o mais leve capricho até a paixão mais séria, é verdadeiramente para todos o negócio principal, isto é, aquele cujo sucesso ou insucesso o interessa da maneira mais sensível; de onde lhe vem por excelência o nome de negócio de coração. Por isso, quando esse interesse se pronunciou de um modo decisivo, qualquer outro que só diz respeito ao indivíduo é-lhe subordinado e, sendo necessário, sacrificado.

O homem prova, assim, que a espécie lhe importa mais que o indivíduo, e que vive mais diretamente naquele do que neste. – Por que é então que o enamorado se entrega com absoluto abandono àquela que escolheu? Por que está pronto a fazer por ela todos os sacrifícios? Porque é a parte imortal do seu ser que suspira por ela; enquanto todos os seus outros desejos só têm por alvo o seu ser fugitivo e mortal. Essa aspiração viva, fervorosa, dirigida a uma determinada mulher, é, pois, um penhor da indestrutibilidade da essência do nosso ser e da sua continuidade na espécie. Considerar essa continuidade como insuficiente e insignificante é um erro que nasce do fato de que, pela continuidade da vida da espécie, só se entende a existência futura de entes que nos serão semelhantes, mas de modo nenhum idênticos, e isso porque, partindo de um conhecimento dirigido para as coisas exteriores, só se considera a figura exterior da espécie, tal como a concebemos por intuição, e não na sua essência íntima. Essa essência oculta é justamente o que se encontra no fundo da nossa consciência e lhe forma o ponto central, o que é mesmo mais imediato que essa consciência; e, mais do que qualquer outra coisa, livre do *principium individuationis*[25]; essa essência encontra-se absolutamente idêntica em todos os indivíduos, quer existam nesse momento, quer se sucedam. É o que eu chamo, em outros termos, vontade de viver, isto é, essa aspiração instante para a vida e para a longevidade.

É justamente essa força que a morte poupa e deixa intacta, força imutável que não pode conduzir a uma situação melhor. Para todo ser vivo, o sofrimento e a morte são tão certos como a existência. Podem livrar-se, todavia, dos sofrimentos e da morte pela negação da vontade de viver, que tem por efeito desligar a vontade do indivíduo do ramo da espécie, e de suprimir a existência na espécie. Não temos contudo ideia do que então se torna essa vontade, e faltam-nos todos os dados acerca desse assunto. Só podemos designar um tal estado como tendo a liberdade de ter ou não vontade de viver. Neste último caso, é o que o budismo denomina Nirvana; é precisamente o ponto que pela sua própria natureza permanece para sempre inacessível a todo o conhecimento humano.

---

25. Princípio da individuação. (N.T.D.M.M.)

Se agora, colocando-nos do ponto de vista destas últimas considerações, mergulharmos os olhares no tumulto da vida, vemos-lhe a miséria e os tormentos preocupando todos os homens; vemo-los reunir todos os esforços para satisfazerem necessidades sem fim e preservarem-se da miséria sob mil faces, sem contudo ousarem esperar outra coisa senão a conservação, durante um curto espaço de tempo, dessa mesma existência individual tão atormentada. E eis que em plena luta, notamos dois enamorados cujos olhares se cruzam cheios de desejos. – Mas, por que tanto mistério, por que são esses namoros tímidos e dissimulados? – Porque esses enamorados são traidores, que trabalham em segredo para perpetuar toda a miséria e todos os tormentos que, sem eles, teriam um fim próximo, esse fim que eles não permitem que se realize, como fizeram outros antes deles.

Se o espírito da espécie que dirige dois amantes, sem eles o saberem, pudesse falar pela sua boca e exprimir ideias claras em vez de se manifestar por sentimentos instintivos, a alta poesia desse diálogo amoroso, que na linguagem atual só fala por imagens romanescas e parábolas ideais de aspirações infinitas, de pressentimentos de uma voluptuosidade sem limites, de inefável felicidade, de fidelidade eterna etc., traduzir-se-ia assim:

Dafnis – Gostaria de fazer de presente um indivíduo à geração futura, e creio que lhe poderias dar o que me falta.

Cloé – Tenho a mesma intenção, e parece-me que te seria fácil dar-lhe o que eu não tenho. Vamos ver!

Dafnis – Dou-lhe estatura elevada e força muscular: não tens nem uma nem outra dessas coisas.

Cloé – Dar-lhe-ei lindas formas e pés muito pequenos: não possuis nada disso.

Dafnis – Dou-lhe uma pele fina e branca que tu não tens.

Cloé – Dou-lhe cabelos e olhos pretos: tu és loiro.

Dafnis – Dou-lhe o nariz aquilino.

Cloé – E eu, a boca pequena.

Dafnis – Dou-lhe coragem e bondade, que não poderiam emanar de ti.

Cloé – Dou-lhe uma bela fronte, espírito e inteligência, que não poderias lhe dar.

Dafnis – Estatura elegante, belos dentes, saúde robusta, eis o que receberá de nós: realmente, entre ambos, podemos dotar na perfeição o futuro indivíduo; por isso te desejo mais do que qualquer outra mulher.

Cloé – Também eu te desejo.[26]

Sterne diz, no *Tristam Shandy*: *there is no passion so serious as lust*[27]. – De fato, a voluptuosidade é muito séria. Representa-se o par mais lindo, mais encantador, como se atrai e se repele, se deseja e se foge com graça num belo jogo de amor. Chega o momento da voluptuosidade, a brincadeira, a graciosa e suave alegria desapareceram subitamente. O par tornou-se sério. Por quê? É que a voluptuosidade é bestial e a bestialidade não ri. As forças da natureza atuam em toda a parte seriamente. – A voluptuosidade dos sentidos é o oposto do entusiasmo que nos abre o mundo ideal. O entusiasmo e a voluptuosidade são graves e não admitem a brincadeira.

---

26. Se levarmos em conta a imutabilidade absoluta do caráter e da inteligência de cada homem, é preciso admitir que, para enobrecer a espécie humana, nada se poderia tentar exteriormente; esse resultado só poderia ser obtido pela via da geração. É a ideia de Platão quando, no quinto livro da sua *República* (ver PLATÃO. *A República*. São Paulo: Edipro, 2012.), expõe esse extraordinário plano de desenvolvimento e aperfeiçoamento da casta dos guerreiros. Se se pudesse fazer de todos os patifes eunucos, encerrar todas as mulheres estúpidas e desengraçadas em conventos, procurar aos homens de caráter um harém completo, e fornecer homens, verdadeiros homens, a todas as raparigas inteligentes e espirituosas, ver-se-ia bem depressa nascer uma geração que nos daria um século superior ainda ao de Péricles.
    Sem nos entregarmos a planos quiméricos, era assunto para pensar, que se se estabelecesse, abaixo da pena de morte, a castração como o maior castigo, livrar-se-ia a sociedade de gerações inteiras de patifes, e com tanta maior segurança, que, como se sabe, a maior parte dos crimes são cometidos por indivíduos de 20 a 30 anos. (Nota de Schopenhauer)

27. Nenhuma paixão é tão séria quanto a luxúria. (N.T.D.M.M.)

II
Esboço acerca das mulheres

O seu destino – Beleza passageira – Precocidade, limites da sua inteligência – Vivem mais do que os homens no presente, inclinam-se mais para a piedade do que para a justiça; a mentira é-lhes defesa natural para a fraqueza – As paixões das mulheres servem ao interesse da espécie – A rivalidade vem-lhes da sua vocação única – No íntimo, esse feio sexo não tem o sentimento do belo. Se aparentam gostar de artes, é unicamente pelo desejo de agradar – A "dama" do Ocidente – O casamento, uma armadilha, uma escravidão – A honra das mulheres

...O simples aspecto da mulher revela que não é destinada nem aos grandes trabalhos intelectuais, nem aos grandes trabalhos materiais. Paga a sua dívida à vida não pela ação, mas pelo sofrimento, as dores da maternidade, os cuidados inquietadores da infância; deve obedecer ao homem, ser uma companheira paciente, que lhe torne a existência calma. Não é feita nem para os grandes esforços, nem para dores ou prazeres excessivos; a vida para ela pode decorrer mais silenciosa, mais insignificante, mais serena que a do homem, sem que ela seja, por temperamento, melhor ou pior.

O que torna as mulheres particularmente aptas a cuidar, a dirigir a nossa primeira infância é o fato de elas mesmas se conservarem pueris, frívolas e de inteligência acanhada; conservam-se toda a vida umas crianças grandes, uma espécie de intermediárias entre a criança e o homem. Observe-se uma jovem divertindo-se um dia inteiro com uma criança, dançando e cantando com ela, e imagine-se o que um homem, com a melhor das vontades, faria em seu lugar.

A natureza parece ter querido fazer com as jovens o que se chama em estilo dramático um lance teatral; durante alguns anos adorna-as de uma beleza, de uma graça e de uma perfeição extraordinárias, com detrimento do resto da sua vida, a fim de que durante esses rápidos anos de brilho possam apoderar-se fortemente da imaginação de um homem e levá-lo a encarregar-se lealmente delas de uma maneira qualquer. Para levar a cabo semelhante empreendimento, a pura reflexão e a razão não dariam suficiente garantia. Por isso, a natureza deu à mulher armas e instrumentos necessários para lhe assegurar a existência, e só durante o tempo indispensável, porque a natureza nesse caso procedeu com a sua usual economia: assim como a formiga fêmea, depois da sua união com o macho, perde as asas que lhe seriam inúteis e até perigosas no período de incubação, assim a maior parte das mulheres, depois de dois ou três partos, perde a beleza, naturalmente pela mesma razão. Donde resulta as jovens considerarem geralmente as ocupações domésticas ou os deveres do seu estado como coisas acessórias e puras bagatelas, enquanto reconhecem a sua verdadeira vocação no amor, nas conquistas e tudo que daí depende, a *toilette*, a dança etc.

Quanto mais nobre e perfeita é uma coisa, tanto mais lenta e tardiamente se desenvolve. A razão e a inteligência do homem só atingem completo desenvolvimento aos vinte e oito anos; na mulher, a maturidade do espírito dá-se aos dezoito anos. Por isso só tem uma razão de dezoito anos estritamente medida. É esse o motivo por que as mulheres são toda a vida verdadeiras crianças. Só veem o que têm diante dos olhos, só pensam no presente, tomando a aparência pela realidade, e preferindo as ninharias às coisas mais importantes. O que distingue o homem do animal é a razão; chegando ao presente, lembra-se do passado e pensa no futuro: daí a sua prudência, os seus cuidados, as suas frequentes apreensões. A razão débil da mulher não participa nem dessas vantagens nem desses inconvenientes; sofre de uma miopia intelectual que lhe permite, por uma espécie de intuição, ver de uma maneira penetrante as coisas próximas; o seu horizonte, porém, é limitado, escapa-lhe o que está distante.

Daí resulta que tudo quanto não é imediato, o passado e o futuro, atuam mais fracamente na mulher do que em nós; é também daí que parte a tendência muito frequente para a prodigalidade, e que, por vezes, chega a ser demência. No fundo do coração, as mulheres imaginam que os homens são feitos para ganhar dinheiro, e as mulheres, para gastá-lo; se o não podem fazer durante a vida do marido, desforram-se depois da sua morte. E o que contribui para lhes confirmar essa convicção é o marido dar-lhes dinheiro e encarregá-las de dirigir a casa. – Tantos pontos defeituosos são às vezes compensados por uma vantagem: a mulher mais absorta no momento presente, por menos suportável que este seja, goza-o mais do que nós; desse fato resulta essa jovialidade que lhe é própria e a torna apta a distrair e por vezes consolar o homem acabrunhado de cuidados e de inquietações.

Em circunstâncias difíceis, é preciso não desdenhar recorrer, como outrora os germanos, aos conselhos das mulheres; porque elas têm uma maneira de conceber as coisas totalmente diferente da nossa. Vão ao fim pelo caminho mais curto, porque fixam geralmente os olhares no que têm mais próximo. Nós, pelo contrário, não vemos o que nos salta aos

71

olhos, e vamos procurar muito mais longe; precisamos que nos levem a uma maneira de ver mais simples e mais rápida. Acrescente-se ainda que as mulheres têm decididamente um espírito mais ponderado, e não veem as coisas senão tal qual elas são; ao passo que nós, impelidos pelas paixões excitadas, aumentamos os objetos e aperfeiçoamos quimeras.

As próprias aptidões naturais explicam a piedade, a humanidade, a simpatia que as mulheres testemunham aos desgraçados, ao passo que são inferiores aos homens no que diz respeito à equidade, à retidão e à escrupulosa probidade. Devido à fraqueza da sua razão, tudo o que é presente, visível e imediato exerce sobre elas um império contra o qual não conseguiria prevalecer nem as abstrações, nem as máximas estabelecidas, nem as resoluções enérgicas, nem consideração alguma do passado ou do futuro, do que se acha afastado ou ausente. Possuem da virtude as primeiras e principais qualidades, mas faltam-lhes as secundárias e as acessórias...

É, portanto, a injustiça o defeito capital dos temperamentos femininos. Isso resulta da falta de bom senso e de reflexão que já frisamos, e o que agrava ainda este defeito é que a natureza, recusando-lhes a força, deu-lhes a astúcia, para lhes proteger a fraqueza; donde resulta a instintiva velhacaria e a invencível tendência para a mentira. O leão tem os dentes e as garras; o elefante e o javali, as presas; o touro, os chifres; a siba, a tinta, que lhe serve para turvar a água em volta dela; a natureza deu à mulher, para se defender, apenas a dissimulação; essa faculdade supre a força que o homem tira do vigor dos membros e da razão. A dissimulação é inata na mulher, tanto na mais esperta como na mais tola. É tão natural a ela usá-la em todas as ocasiões como a um animal atacado defender-se com as suas armas naturais; e, procedendo desse modo, tem até um certo ponto consciência dos seus direitos; o que torna quase impossível encontrar uma mulher absolutamente verdadeira e sincera. É justamente por esse motivo que ela compreende tão facilmente a dissimulação nos outros, e que não é prudente usá-la com ela. – Desse defeito fundamental e das suas consequências nascem a falsidade, a infidelidade, a traição, a ingratidão etc. Também as mulheres juram falso perante a justiça mais frequentemente do que os homens, e seria um caso para tratar, saber se se deve admiti-las a prestar juramento. – Sucede de tempos em tempos, certas senhoras, a quem não falta coisa nenhuma, serem surpreendidas nos estabelecimentos em flagrante delito de roubo.

Os homens novos, belos e robustos são destinados pela natureza a propagar a espécie humana, para que essa não degenere. Tal é a vontade firme que a natureza exprime pelas paixões das mulheres. É certamente de todas as leis a mais antiga e a mais poderosa. Desgraçados, pois, dos interesses e dos direitos que lhes opuserem obstáculo. Serão, no momento oportuno, suceda o que suceder, implacavelmente esmagados, porque a moral secreta, inconfessável e mesmo inconsciente, mas inata, nas mulheres é esta: "Fundamo-nos no direito de enganar aqueles que imaginam que podem, pelo fato de proverem economicamente a nossa subsistência, confiscar em seu proveito os direitos da espécie. É a nós que foram confiados, é de nós que dependem a constituição e a salvação da espécie, a criação da geração futura; é a nós que compete realizá-la com toda a consciência". As mulheres, porém, não se interessam absolutamente por esse princípio superior *in abstracto*, compreendem-no apenas *in concreto* e, quando a ocasião se apresenta, não têm outro modo de o exprimir senão pela maneira de proceder; e sobre esse assunto a consciência deixa-as muito mais em sossego do que se poderia crer, porque no íntimo do coração sentem vagamente que, traindo os seus deveres para com o indivíduo, cumprem-no ainda melhor para com a espécie, que tem direitos infinitamente superiores.

Como as mulheres são criadas unicamente para a propagação da espécie, e como toda a sua vocação concentra-se nesse ponto, vivem mais para a espécie que para os indivíduos, e tomam mais a peito os interesses da espécie que os dos indivíduos. É o que dá a todo o seu ser e ao seu procedimento uma certa leviandade e opiniões opostas às dos homens: donde procede essa desunião tão frequente no casamento, que já se tornou quase normal.

Os homens entre si são naturalmente indiferentes, as mulheres são, por índole, inimigas. Isso provém talvez de que do *odium figulinum*[28], a rivalidade que se restringe no homem aos que exercem a mesma profissão abrange, nas mulheres, toda a espécie, porque todas elas só têm uma mesma profissão, um mesmo fim. Na rua, basta que se encontrem para trocarem olhares de Guelfos e de Gibelinos.[29] Salta aos olhos que num primeiro encontro duas mulheres têm mais embaraço, dissimulação e reserva que teriam dois homens em caso idêntico. Pela mesma razão, os cumprimentos entre mulheres parecem mais ridículos do que entre homens. Note-se ainda que o homem em geral fala com uma certa consideração e humanidade aos mais ínfimos dos seus subordinados, mas torna-se insuportável ver com que altivez uma senhora da sociedade

---

28. Ódio ao ceramista, inveja entre profissões. (N.T.D.M.M.)
29. Facções originariamente alemãs, politicamente opostas, que travaram conflitos pelo poder nas cidades europeias do séc. XIII. (N.E.)

se dirige a uma mulher da classe inferior que não esteja a seu serviço. A causa é talvez que entre mulheres as diferenças de classe são muito mais precárias que entre os homens, e que essas diferenças podem facilmente ser modificadas ou suprimidas; a situação que um homem ocupa depende de mil considerações; com respeito às mulheres, uma só decide tudo: o homem a quem souberam agradar. A sua única atribuição coloca-as numa certa igualdade bem mais marcada, e por isso procuram criar entre elas diferenças de situação.

Foi necessário que a inteligência do homem se achasse obscurecida pelo amor para que chamasse belo a esse sexo de pequena estatura, ombros estreitos, ancas largas e pernas curtas; toda a sua beleza de fato reside no instinto do amor. Em lugar de o denominar belo, teria sido mais justo denominando-o inestético. As mulheres não têm nem o sentimento nem a inteligência da música, mais do que o da poesia, ou o das artes plásticas; fingem-no por pura imitação, puro pretexto, pura afetação explorada pelo desejo de agradarem. Elas são incapazes de tomar uma parte desinteressada, seja em que for e pela seguinte razão: o homem em todas as coisas esforça-se por dominar diretamente ou pela inteligência, ou pela força; a mulher, pelo contrário, acha-se sempre e em toda a parte reduzida a um domínio absolutamente indireto, isto é, o seu poder vem do homem, e é sobre ele apenas que ela exerce uma influência imediata. Portanto, a natureza leva as mulheres a procurar em todas as coisas um meio de conquistar o homem, e o interesse que parecem tomar pelas coisas exteriores é sempre um fingimento, uma sutileza, isto é, pura garridice e pura imitação. Disse-o Rousseau: "As mulheres em geral não apreciam arte alguma, não as conhecem e não têm talento nenhum".

Aqueles que não se fiam nas aparências já certamente o notaram. Basta observar o que as ocupa e lhes atrai a atenção num concerto, na ópera ou na comédia, notar a sem-cerimônia com que, nas mais belas passagens das maiores obras-primas, continuam a sua tagarelice. Se é verdade os gregos não admitirem mulheres nos espetáculos, tinham muita razão; nos seus teatros podia-se pelo menos ouvir alguma coisa. No nosso tempo, seria bom acrescentar ao *mulier taceat in ecclesia*[30] um *taceat mulier in theatro*[31], ou senão substituir um preceito pelo outro, e suspender este último em letras grandes no pano da cena. – Mas que de melhor se pode esperar da parte das mulheres, se refletirmos que no

---

30. Que a mulher faça silêncio na igreja. (N.T.D.M.M.)
31. Que a mulher faça silêncio no teatro. (N.T.D.M.M.)

mundo inteiro esse sexo não pôde produzir um único espírito verdadeiramente grande, nem uma obra completa e original nas belas artes, nem, fosse no que fosse, uma única obra de valor durável? Esse fato é empolgante na pintura; todavia elas são tão aptas como nós para lhes compreender o lado técnico, e cultivam assiduamente essa arte, sem conseguirem produzir uma só obra-prima, porque lhes falta justamente essa objetividade de espírito que é sobretudo necessária na pintura. As mulheres banais nem mesmo são capazes de lhe compreender as belezas, porque *natura non facit saltus*[32]. Huarte, na sua célebre obra *Examen de ingenios para las sciencias*, que data de trezentos anos, recusa às mulheres toda a capacidade superior. Exceções isoladas e parciais não alteram esse estado de coisas; as mulheres são, e permanecerão, tomadas no conjunto, os Filisteus mais completos e incuráveis. Devido à nossa organização social, absurda no último grau, que as faz partilhar o título e a situação do homem por muito elevados que eles sejam, excitam-lhe com encarniçamento as ambições menos nobres, e por uma consequência natural desse absurdo, o seu domínio, o tom que impõe, corrompem a sociedade moderna. Dever-se-ia tomar como regra esta sentença de Napoleão I: "As mulheres não têm categoria". Chamfort diz também com muito acerto: "São feitas para negociarem com as nossas fraquezas, com a nossa loucura, mas não com a nossa razão. Existe entre elas e os homens simpatias de epiderme, e muito poucas simpatias de espírito, de alma e de caráter". As mulheres são o *sexus sequior*[33], o sexo segundo, a todos os respeitos feito para se conservar à parte e no segundo plano. Certamente, deve-se-lhe poupar a fraqueza, mas é ridículo prestar-lhe homenagem, o que até nos avilta aos seus olhos. A natureza, separando a espécie humana em duas categorias, não fez as partes iguais... – Foi o que muito bem pensaram em todos os tempos os antigos e os povos do Oriente; compreendiam melhor o papel que convém às mulheres, do que nós fazemos com a nossa galantaria à antiga moda francesa e a nossa estúpida veneração, que é na verdade a ostentação mais completa da tolice germano-cristã. Isso serviu apenas para torná-las arrogantes e impertinentes; por vezes, fazem-me pensar nos macacos sagrados de Benarés, que têm uma tão grande consciência da sua dignidade sacrossanta e da sua inviolabilidade, que julgam que tudo lhes é permitido.

    A mulher no Ocidente, o que chamam a dama, encontra-se numa posição absolutamente falsa, porque a mulher, o *sexus sequior* dos anti-

---

32. A natureza não dá saltos. (N.T.D.M.M.)
33. O sexo seguinte, isto é, o segundo sexo, o sexo errado, o sexo pior. (N.T.D.M.M.)

gos, não tem nada para inspirar veneração e receber homenagens, nem para levantar mais a cabeça que o homem, nem para ter direitos iguais aos dele. As consequências dessa falsa situação são demasiado evidentes. Seria para desejar que na Europa se colocasse no seu lugar natural esse número dois da espécie humana e se suprimisse a dama, alvo das zombarias da Ásia inteira, de quem Roma e Grécia também se riram. Essa reforma seria um verdadeiro benefício do ponto de vista político e social. O princípio da lei sálica é tão evidente, tão indiscutível, que parece inútil formular. O que se chama verdadeiramente a dama europeia é uma espécie de ser que não deveria existir. Só devia haver no mundo mulheres retiradas, aplicando-se aos trabalhos domésticos, e raparigas aspirando ao mesmo fim e que se educariam sem arrogância, para o trabalho e para a submissão. É precisamente por haver damas na Europa que as mulheres de classe inferior, isto é, a maior parte, são muito mais para lastimar do que no Oriente.

As leis que regem o casamento na Europa supõem a mulher igual ao homem, e têm assim um ponto de partida falso. Em nosso hemisfério monógamo, casar é perder metade dos direitos e duplicar os deveres. Em todo caso, visto que as leis concederam às mulheres os mesmos direitos dos homens, também lhes deveriam ter conferido uma razão viril. Quanto mais as leis conferem às mulheres direitos e honras superiores ao seu merecimento, mais restringem o número daquelas que têm realmente parte nesses favores, e tiram às outras os seus direitos naturais, na mesma proporção em que deram direitos excepcionais a algumas privilegiadas. A vantagem que a monogamia e as leis que daí resultam concedem à mulher, proclamando-a igual ao homem, o que ela não é de nenhum ponto de vista, produz esta consequência que os homens sensatos e prudentes hesitam muitas vezes em se deixar arrastar a um tão grande sacrifício, a um pacto tão desigual. Entre os povos polígamos, cada mulher encontra quem se encarregue dela; entre nós, pelo contrário, o número de mulheres casadas é bem restrito e há um número infinito de mulheres destituídas de proteção, solteironas vegetando tristemente nas classes elevadas da sociedade, pobres criaturas destinadas a trabalhos rudes e difíceis nas classes inferiores. Ou senão tornam-se miseráveis prostitutas, arrastando uma existência vergonhosa e impelidas pela força das circunstâncias a formar uma espécie de classe pública e reconhecida, cujo fim especial é preservar dos perigos da sedução as mulheres felizes, que encontraram marido ou que ainda esperam encontrá-lo.

Só na cidade de Londres há 80 mil mulheres públicas: verdadeiras vítimas da monogamia, cruelmente imoladas no altar do casamento.

Todas essas desgraçadas são a compensação inevitável da dama europeia, com a sua arrogância e pretensões. Por isso, a poligamia é um verdadeiro benefício para as mulheres consideradas no seu conjunto.

Além disso, do ponto de vista racional, não se compreende o motivo por que, se uma mulher sofre de algum mal crônico, ou se não tem filhos, ou se está demasiado idosa, o marido não possa ter uma segunda. O que fez o sucesso dos Mormões foi justamente a supressão dessa monstruosa monogamia. Concedendo à mulher direitos acima da natureza, impuseram-lhe igualmente deveres semelhantes, donde lhe provém uma infinidade de desgraças. Essas exigências de classe e de fortuna são de fato de um tão grande peso que o homem que se casa comete uma imprudência se não contrair um casamento brilhante; se deseja encontrar uma mulher que lhe agrade completamente, procura-la-á fora do matrimônio, e contentar-se-á em assegurar a situação da amante e dos filhos. Se pode fazê-lo de uma maneira justa, razoável, suficiente e a mulher cede, sem exigir rigorosamente os direitos exagerados que só o casamento lhe concede, perde então a honra, porque o casamento é a base da sociedade civil, e prepara-se uma triste existência, porque é feitio do homem preocupar-se desmedidamente com a opinião dos mais. Se, pelo contrário, a mulher resiste, corre o risco de desposar um marido que lhe desagrada, ou ficar solteira; porque tem poucos anos para se decidir. É desse ponto de vista da monogamia que é útil ler o tratado sábio e profundo de Thomasius, *De concubinatu*. Vê-se aí que, entre os povos civilizados de todos os tempos, até a Reforma, o concubinato foi uma instituição admitida, até certo ponto legalmente reconhecida e de forma alguma desonrosa. Foi a reforma luterana que a rebaixou, porque encontrava nela uma justificação do casamento dos padres, e a Igreja católica não podia ficar para trás.

É ocioso disputar acerca da poligamia, visto que ela de fato existe em toda parte e apenas se trata de organizá-la. Onde é que se encontram verdadeiros monógamos? Todos, pelo menos durante algum tempo, e a maior parte quase sempre, vivemos na poligamia. Se todo homem carece de várias mulheres, é perfeitamente justo que se encontre livre, mesmo que seja obrigado a encarregar-se de umas poucas mulheres; estas voltarão, assim, ao seu verdadeiro papel, que é o de um ente subordinado, e ver-se-á desaparecer deste mundo a dama, esse *monstrum* da civilização europeia e da tolice germano-cristã, com as suas ridículas pretensões ao respeito e à honra; acaba-se com as damas, mas acaba-se também com essas desgraçadas que enchem agora a Europa!

É evidente que a mulher, por temperamento, é destinada a obedecer. E a prova é que aquela que se acha neste estado de independência absoluta, contrária ao seu temperamento, liga-se imediatamente a qualquer homem por quem se deixa dirigir e dominar, porque carece de um senhor. Se é nova, arranja um amante; se é velha, um confessor. O casamento é uma armadilha que a natureza nos prepara.

A honra das mulheres, assim como a honra dos homens, é um "espírito de corpo" bem entendido. A primeira é a mais importante das duas; porque na vida das mulheres as relações sexuais são a coisa principal. – A honra para uma rapariga consiste na confiança que a sua inocência inspira, e para uma mulher, na sua fidelidade ao marido. As mulheres esperam e exigem dos homens tudo quanto lhes é necessário e tudo quanto desejam. O homem só exige uma coisa da mulher. As mulheres têm, portanto, que proceder de modo que os homens não possam obter delas essa coisa única senão em troca da proteção que eles prometem dar a elas e aos futuros filhos: dessa combinação depende a felicidade de todas as mulheres. Para obtê-la, é indispensável que se auxiliem mutuamente e deem provas do espírito de corpo. Por isso caminham como uma só mulher e em filas unidas ao encontro dos homens que, devido ao predomínio físico e intelectual, possuem todos os bens terrestres; é esse o inimigo que se trata de vencer e conquistar para chegar, por meio dessa vitória, a possuir os bens da terra. A primeira máxima da honra feminina tem sido, pois, que se deve recusar implacavelmente ao homem todas as relações ilegítimas, a fim de obrigá-lo a uma espécie de capitulação por meio do casamento, único modo de o elemento feminino obter proteção. Para atingir esse resultado, a máxima precedente deve ser rigorosamente respeitada; todas as mulheres com verdadeiro espírito de corpo velam pela sua execução. Uma jovem que se deixa seduzir tornou-se culpada de traição para com todo o seu sexo, porque se esse ato se generalizasse, comprometer-se-ia o interesse comum; expulsam-na da comunidade, acabrunham-na de vergonha; perdeu, por esse fato, a honra. Todas as mulheres devem fugir dela como de uma pestífera. A mesma sorte espera a mulher adúltera, porque faltou a um dos termos da capitulação consentida pelo marido. O seu exemplo seria de modo a desviar os homens de assinarem semelhante tratado, de que depende a salvação de todas as mulheres. Além da honra peculiar ao seu sexo, a mulher adúltera perde igualmente a honra civil, porque o seu ato constitui um engano, uma falta grosseira à fé jurada. Pode-se dizer com certa indulgência "uma jovem enganada", não se diz "uma mulher enganada". O sedutor pode bem pelo casamento restituir a honra à primeira, não pode restituí-la à segunda, nem mesmo após o divórcio. – Vendo claramente os fatos, reconhece-se, portanto, que um espírito de corpo útil, indispensável, mas bem calculado e fundado no interesse, é o princípio da honra das mulheres: não se pode negar a sua extrema importância no destino da mulher, mas não se lhe deve atribuir um valor absoluto, além da vida e dos fins da vida, e merecendo que se lhe sacrifique a própria existência...

O que provaria, de um modo geral, que a honra das mulheres não tem uma origem verdadeiramente conforme à natureza, é o número de vítimas que lhe são oferecidas, infanticídios, suicídios das mães. Se uma rapariga, pelo fato de ter um amante, comete uma verdadeira traição para com o seu sexo, não esqueçamos que o pacto feminino havia sido aceito tacitamente sem compromisso formal da sua parte, e como na maioria dos casos é ela a primeira vítima, a loucura nela é infinitamente maior que a depravação.

A MORTE

O amor e a morte – É à humanidade, e não às individualidades, insignificantes e miseráveis, que se pode assegurar a duração – O que o sono é para o indivíduo é a morte para a espécie – Só a vontade é indestrutível – Eternidade da matéria – Suprema indiferença da natureza perante a ruína dos seres que, pela morte, recaem no seu seio

A morte é o gênio inspirador, a musa da filosofia... Sem ela, dificilmente ter-se-ia filosofado.

Nascimento e morte pertencem igualmente à vida, e formam um contrapeso; um é a condição da outra; são as duas extremidades, os dois pólos de todas as manifestações da vida. É o que a mitologia hindu, a mais sábia de todas as mitologias, exprime por um símbolo, dando como tributo a Shiva, o Deus da Destruição, um colar de caveiras, e o Lingam, órgão e símbolo da geração; porque o amor é a compensação da morte, o seu correlativo essencial; neutralizam-se, suprimem-se um ao outro. – Por isso os gregos e os romanos adoravam esses preciosos sarcófagos que ainda hoje se veem, com baixos relevos figurando festas, danças, casamentos, caçadas, combates de animais, bacanais, numa palavra, imagens da vida mais alegre, mais animada, mais intensa, até mesmo grupos voluptuosos, sátiros unidos a cabras. O seu fim tendia evidentemente a preocupar o espírito da maneira mais sensível com o contraste da morte do homem que se chora, encerrado no túmulo, e da vida imortal da natureza.

A morte é a solução dolorosa do laço formado pela geração com voluptuosidade, é a destruição violenta do erro fundamental do nosso ser; o grande desengano.

A individualidade da maioria dos homens é tão miserável e tão insignificante que nada perde com a morte: o que neles pode ter ainda algum valor, isto é, os traços gerais da humanidade, subsiste nos outros homens. É à humanidade, e não ao indivíduo, que se pode assegurar a duração.

Se fosse concedida ao homem uma vida eterna, a rígida mutabilidade do seu caráter e os acanhados limites da sua inteligência parecer-lhe-iam com o tempo tão monótonos e inspirar-lhe-iam um tão grande aborrecimento que, para se livrar deles, acabaria por preferir o nada.

Exigir a imortalidade do indivíduo é querer perpetuar um erro. Porque toda individualidade é um erro especial, um engano, qualquer coisa que não deveria existir; e o verdadeiro fim da vida é nos livrarmos dela. Prova-o bem o fato de que a maioria dos homens, pode-se dizer todos os homens, são constituídos de tal modo que não poderiam ser felizes, fosse qual fosse o mundo onde sonhassem se encontrar. Se esse mundo fosse isento de miséria e de dor, tornar-se-iam a presa do tédio, e na medida em que pudessem fugir a esse mal, recairiam nas misérias, nos tormentos, nos sofrimentos. Não bastaria, portanto, para conduzir o homem a um estado melhor, colocá-lo num mundo também melhor; seria necessário transformá-lo inteiramente, proceder de modo que deixasse de ser o que é, e se tornasse o que não é. Deve, pois, necessariamente, cessar de ser o que é; essa condição preliminar é a morte que a realiza, e desse ponto de vista concebe-se-lhe a necessidade moral. Ser colocado num outro mundo, e mudar totalmente de ser, é no fundo uma só e mesma coisa. Mas desde o momento em que a morte pôs termo a uma consciência individual, seria para desejar que essa mesma consciência fosse de novo reanimada para durar uma eternidade? O que ela contém, a maior parte do tempo? Nada mais do que uma torrente de pensamentos insignificantes, acanhados, terrestres, cuidados sem fim. Deixá-los, pois, de uma vez por todas, repousar em paz.

Parece que o fim de toda atividade vital é um maravilhoso alívio para a força que a mantém: é o que explica, talvez, essa expressão de doce serenidade espalhada sobre o rosto da maioria dos mortos.

Quão longa é a noite do tempo sem limites comparada ao curto sonho da vida!

Quando no outono se observa o pequeno mundo dos insetos, e se nota que um prepara o leito para dormir o pesado e longo sono do inverno, que outro prepara o casulo para passar o inverno no estado de crisálida e renascer num dia de primavera com toda a mocidade e em plena perfeição, e que, enfim, esses insetos, na maior parte, pensando em repousar nos braços da morte, contentam-se em colocar cautelosamente o ovo no local favorável, para renascerem um dia rejuvenescidos, num novo ser, que é isso senão a doutrina da imortalidade ensinada pela natureza?

Ela desejaria fazer-nos compreender que entre o sono e a morte não há uma diferença radical, que nem um nem outro põe a existência em perigo. O cuidado com que o inseto prepara a célula, o buraco, o ninho, assim como o alimento para a larva que deve nascer na seguinte primavera, e feito isso, morre tranquilo, assemelha-se perfeitamente ao cuidado com que o homem arruma, à noite, o fato e prepara o almoço para o dia seguinte, indo depois dormir em sossego.

E esse caso não se daria se o inseto que deve morrer no outono, considerado em si mesmo e na sua verdadeira essência, não fosse idêntico ao que se deve desenvolver na primavera, assim como o homem que se deita é o mesmo que se levanta.

Observe o seu cão: como está sossegado e bem disposto. Milhares de cães morreram antes que ele nascesse. Mas o seu desaparecimento não perturbou absolutamente nada a ideia do cão; essa ideia não foi de modo nenhum obscurecida pela morte. Eis o motivo porque o seu cão se encontra tão fresco, tão cheio de força, como se fosse este o seu primeiro dia, e como se não devesse ter fim; por entre os seus olhos brilha o princípio indestrutível que está nele, o *archaeus*.

Que foi, pois, que a morte destruiu em tantos milhares de anos? Não foi o cão, ele está aí sem ter sofrido dano algum; foi a sua sombra, a sua figura, que a fraqueza do nosso entendimento não pode discernir senão no tempo.

A matéria, pela sua persistência absoluta, assegura-nos uma indestrutibilidade em virtude da qual aquele que fosse incapaz de conceber uma outra poderia consolar-se com a ideia de uma certa imortalidade. "O quê? – dir-se-ia – A persistência de um mero pó, de uma matéria bruta, seria a continuidade do nosso ser?"

Conhecem então esse pó, sabem o que ele é e o que pode ser? Antes de o desprezarem aprendam a conhecê-lo. Essa matéria que não é mais que pó e cinza, dentro em pouco dissolvida na água, vai se tornar num cristal, brilhar como os metais, lançar faíscas elétricas, manifestar o seu poder magnético... moldar-se em plantas e em animais, e do seu seio misterioso desenvolver enfim essa vida cuja perda atormenta a tal ponto o espírito acanhado. Não é, pois, nada, durar sob a forma dessa matéria?

Não conhecemos maior jogo de dados que o jogo do nascimento e da morte; preocupados, interessados, ansiosos pelo último ponto, assistimos a cada partida, porque aos nossos olhos tudo se resume a isso. A natureza, pelo contrário, que não mente nunca, a natureza, sempre franca e aberta, exprime-se a esse respeito de um modo muito diverso: diz ela que a vida ou a morte do indivíduo nada lhe importa; é o que exprime entregando a vida do animal e também a do homem a todos os acasos, sem empregar o mínimo esforço para salvá-los. Observem o inseto no nosso caminho: o mais pequeno desvio involuntário do nosso pé decide da sua vida ou da sua morte. Veja-se a lesma dos bosques, destituída de qualquer meio de fugir, de se defender, de enganar, de se ocultar, presa, exposta a todos os perigos; veja-se o peixe saltitar sem inquietação na rede ainda aberta; a rã cuja moleza impede de fugir e de se escapar; a ave, sob o olhar do falcão que paira por cima dela e que ela não vê; a ovelha, que o lobo espreita oculto no arvoredo; todas essas vítimas fracas, desarmadas, imprudentes vagueiam em meio a perigos ignorados, que a todo momento as ameaçam. A natureza – abandonando assim sem resistência os seus organismos, obras de uma arte infinita, não só à avidez do mais forte, mas ao mais cego dos acasos, à fantasia do primeiro imbecil que passa, à maldade da criança – exprime dessa maneira, no seu estilo lacônico, oracular, que o aniquilamento desses seres lhe é indiferente, que não pode prejudicá-la, que nada significa, e que em casos idênticos a causa é tão indiferente como o efeito...

Portanto, quando essa mãe soberana, universal, expõe sem escrúpulo algum dos filhos a mil perigos iminentes, sabe que, quando sucumbem, é para voltarem ao seu seio onde os conserva ocultos; a sua morte não passa de uma brincadeira. Sucede com o homem o mesmo que com os animais. O oráculo da natureza estende-se a nós; a nossa vida ou a nossa morte não a comove, e não deveria comover-nos, porque também fazemos parte da natureza.

Essas considerações reconduzem-nos à nossa própria espécie, e, se olharmos para um futuro muito distante e procurarmos representar-nos, as gerações futuras com os seus milhões de indivíduos humanos, diferentes de nós pelos seus usos e costumes, dirigimos esta pergunta a nós mesmos: donde virão todos? onde estão agora? – onde se acha o ubérrimo seio do nada, produtor do mundo, que oculta ainda as gerações futuras?

Mas a essa pergunta, deve-se sorrir e responder: onde poderia ser senão onde toda a realidade é e será, no presente e no que ele contém; em si, portanto, insensato perguntador, que desconheces a tua própria essência, e assemelhas-te à folha na árvore, que, quando chega o outono, murchando e pensando que vai cair, se lamenta pela sua queda e não busca consolação à vista da fresca verdura que na primavera há de adornar a árvore. Ela diz e geme: "já não sou eu, serão outras folhas". – Oh! folha insensata! onde queres tu ir, e donde poderiam vir as outras folhas? Onde está esse nada cujo abismo temes? – Reconhece, pois, o teu próprio ser nessa força íntima, oculta, sempre ativa da árvore, que por meio de todas as suas gerações de folhas não é atingida pelo nascimento nem pela morte. Não sucede com as gerações dos homens o mesmo que com as das folhas?

A ARTE

A arte é uma redenção – Ela livra da vontade, e portanto da dor – Torna as imagens da vida cheias de encanto – A sua missão é reproduzir-lhe todas as cambiantes, todos os aspectos – Poesia lírica – Tragédia, comédia – Pintura – Música; a ação do gênio é aí mais sensível do que noutra arte

Todo desejo nasce de uma necessidade, de uma privação, de um sofrimento. Satisfazendo-o, acalma-se; mas embora se satisfaça um, quantos permanecem insaciados! De mais, o desejo dura muito tempo, as exigências são infinitas, o gozo é curto e avaramente medido. E mesmo esse prazer, uma vez obtido, é apenas aparente; sucede-lhe outro: o primeiro é uma ilusão dissipada; o segundo, uma ilusão que dura ainda. Nada há no mundo capaz de apaziguar a vontade, nem fixá-la de um modo duradouro; o mais que se pode obter do destino parece sempre uma esmola, que se lança aos pés do mendigo, que só conserva a vida hoje para prolongar o seu tormento amanhã. Assim, enquanto estamos sob o domínio dos desejos, sob o império da vontade, enquanto nos abandonamos às esperanças que nos acometem, aos temores que nos perseguem, ele não é para nós nem repouso nem felicidade amável. Quer nos encarnicemos em qualquer perseguição ou fujamos ante qualquer ameaça, agitados pela expectativa ou pela apreensão, no fundo é a mesma coisa: os cuidados, que nos causam as exigências da vontade sob todas as formas, não cessam de nos perturbar e atormentar a existência. Assim o homem, escravo da vontade, está continuamente preso à roda de Ixion, enche sempre o tonel das Danaides, é o Tântalo devorado de eterna sede.

Mas quando uma circunstância estranha ou a nossa harmonia interior nos arrebata por um momento à torrente infinita do desejo, nos livra o espírito da opressão da vontade, nos desvia a atenção de tudo que a solicita, e as coisas nos aparecem desligadas de todos os prestígios da esperança, de todo interesse próprio, como objetos de contemplação desinteressada e não de cobiça; é então que esse repouso, frustrantemente procurado nos caminhos abertos do desejo, mas que sempre nos fugiu, se apresenta e nos dá o sentimento da paz em toda a sua plenitude. É esse o estado livre de dores que celebrava Epicuro como o maior de todos os bens, como a felicidade dos deuses; porque nos vemos por um momento livres da pesada pressão da vontade, celebramos o Sabat depois dos trabalhos forçados da vontade, a roda de Ixion pára... Que importa então que se goze o pôr-do-sol da janela de um palácio, ou por entre as grades de uma prisão!

Acordo íntimo, predomínio do puro pensamento sobre a vontade, pode produzir-se em todo lugar. Testemunhas são esses admiráveis pintores holandeses, que souberam ver de um modo tão objetivo coisas tão pequenas, e que nos deixaram uma prova tão duradoura de desinteresse e de placidez de espírito nas cenas íntimas. O espectador não pode observá-las sem se comover, sem se representar o estado de espírito do artista, tranquilo, sereno, com o maior sossego, tal como era necessário para fixar a atenção sobre objetos insignificantes, indiferentes, e reproduzi-los com tanta solicitude; e a impressão é ainda mais forte porque observando-nos a nós mesmos, admiramo-nos dos contrastes dessas pinturas tão calmas com os nossos sentimentos sempre obscurecidos, sempre agitados pelas inquietações e pelos desejos.

Basta lançar um olhar desinteressado sobre qualquer homem, qualquer cena da vida, e reproduzi-los com a pena ou o pincel para que logo pareçam cheios de interesse e de encanto, e verdadeiramente dignos de inveja; mas se tomamos parte nessa situação, se somos esse homem, oh! então, como muitas vezes se diz, só o diabo poderia sustentá-la. É o pensamento de Goethe:

De tout se qui nous chagrine dans la vie
La peinture nous plait...[34]

Quando eu era novo, houve um tempo em que me esforçava incessantemente para representar todos os meus atos, como se se tratasse de uma outra pessoa. – Provavelmente para melhor gozá-los.

As coisas só têm atrativo enquanto não nos tocam. A vida nunca é bela, só os quadros da vida são belos, quando o espelho da poesia os ilumina e os reflete, principalmente na mocidade, quando ignoramos ainda o que é viver.

Apoderar-se da inspiração no seu voo e dar-lhe um corpo nos versos, tal é a obra da poesia lírica. E é contudo a humanidade inteira, nos seus íntimos arcanos, que reflete o verdadeiro poeta lírico; e todos os sentimentos que milhões de gerações passadas, presentes e futuras

---

34. Dentre tantas coisas que nos causam infelicidade na vida, / A pintura nos dá prazer... (N.T.D.M.M.)

experimentaram e hão de experimentar nas mesmas circunstâncias que se reproduzirão sempre encontram na poesia a expressão viva e fiel... O poeta é homem, universal: tudo o que agitou o coração de um homem, tudo o que a natureza humana, em todas as circunstâncias pôde experimentar e produzir, tudo o que reside e fermenta num ser mortal – é esse o seu domínio que se estende a toda a natureza. Por isso o poeta pode contar tão bem a voluptuosidade como o misticismo, ser Angelus Silésius ou Anacreonte, escrever tragédias ou comédias, representar sentimentos nobres ou vulgares, segundo a fantasia ou a vocação. Ninguém poderia prescrever ao poeta ser nobre, elevado, moral, piedoso e cristão, ser ou não ser isto ou aquilo, porque ele é o espelho da humanidade e apresenta-lhe a imagem clara e fiel do que ela sente.

É um fato deveras notável e realmente digno de atenção que o objeto de toda a alta poesia seja a representação do lado medonho da natureza humana, a dor sem nome, os tormentos dos homens, o triunfo da maldade, o domínio irônico do acaso, a queda irremediável do justo e do inocente: é este um sinal notável da constituição do mundo e da existência... Não vemos nós na tragédia os entes mais nobres, após longos combates e prolongados sofrimentos, renunciarem para sempre aos desígnios que até ali perseguiam com violência, ou desviarem-se de todos os gozos da vida voluntariamente e com prazer: como o príncipe de Calderon; Gretchen, no *Fausto*; Hamlet, a quem o fiel Horácio seguiria da melhor vontade, mas que lhe promete ficar e viver ainda algum tempo num mundo tão cruel, tão cheio de dores, para contar o destino de Hamlet e purificar-lhe a memória; assim também Joana d'Arc, e a noiva de Messine: todos morrem purificados pelos sofrimentos, isto é, depois de se extinguir neles a vontade de viver...

O verdadeiro sentido da tragédia é essa observação profunda, que as faltas espiadas pelo herói não são as dele, mas as faltas hereditárias, isto é, o próprio crime de existir:

Pues el delito mayor
Del hombre es haber nacido.[35]

A tendência e o último objeto da tragédia é inclinar-nos à resignação, à negação da vontade de viver; a comédia, é certo, como toda representação da vida humana, coloca-nos inevitavelmente diante dos olhos os sofrimentos e os lados repugnantes, mas mostra-os como males passageiros, que acabam por desaparecer numa alegria final, como um

---

35. Então, o maior crime / Do homem é ter nascido. (N.T.D.M.M.)

misto de sucessos, de vitórias e de esperanças que triunfam por fim; e, além disso, faz sobressair o que há de constantemente alegre, risível, até nas mil e uma contrariedades da vida, a fim de nos conservar de bom humor, seja em que circunstância for. Afirma, portanto, como último resultado, que a vida considerada no seu conjunto é muito boa, sobretudo agradável e muito divertida. É preciso, bem entendido, deixar cair o pano depressa sobre o alegre desenlace, para que não se possa ver o que sucede em seguida; enquanto, geralmente, a tragédia acaba de tal modo que não pode suceder mais nada.

O poeta épico ou dramático não deve ignorar que ele é o destino e que deve ser implacável como este – ele é ao mesmo tempo o espelho da humanidade e tem de apresentar na cena caracteres maus e por vezes infames, loucos, tolos, espíritos acanhados, de vez em quando um personagem razoável ou prudente, ou bom, ou honesto, e muito raramente, com a mais singular das exceções, um caráter generoso. – Em todo Homero, não há, me parece, um caráter verdadeiramente generoso, embora se encontrem muitos bons e honestos; em Shakespeare, acha-se um ou dois e ainda assim, na sua nobreza, nada há de sobre-humano, é Cordélia, Coriolano; seria difícil enumerar mais algum, enquanto os outros se cruzam aí em quantidade... Na *Minna de Barnhelm*, de Lessing, há excesso de escrúpulo e de nobre generosidade de todos os lados. De todos os heróis de Goethe, combinados e reunidos, dificilmente se formaria um caráter de uma generosidade tão quimérica como o Marquês de Posa.

Não há um só homem nem uma só ação que não tenha a sua importância; em todos e entre tudo, se desenvolve mais ou menos a ideia da humanidade. Não há circunstância na existência humana que seja indigna de ser reproduzida pela pintura. Por isso mostram-se injustos para com os admiráveis pintores da escola holandesa, quando se limitam a louvar-lhes a habilidade técnica; com respeito ao resto, olham-nos de cima, com desdém, porque representam, a maior parte das vezes, fatos da vida comum, e só se confere importância aos assuntos históricos ou religiosos. Dever-se-ia primeiro pensar que o interesse de uma ação não tem relação alguma com a sua importância exterior, e que há, por vezes, entre os dois uma grande diferença.

A importância exterior de uma ação avalia-se pelas suas consequências para o mundo real e no mundo real. A sua importância interior é a vista profunda que ela nos oferece da própria essência da humanidade, colocando em plena luz certos lados dessa natureza, muitas vezes despercebidos, escolhendo certas circunstâncias favoráveis em que as particularidades se exprimem e se desenvolvem.

A importância interior só tem valor para a arte, a exterior, para a história. Uma e outra são absolutamente independentes, e tanto podem se encontrar separadas como reunidas. Um ato capital na história pode, considerado em si mesmo, ser da última banalidade, da última insignificância; e, reciprocamente, uma cena da vida cotidiana, uma cena íntima, pode ter um grande interesse ideal, se coloca em plena e brilhante luz seres humanos, atos e desejos humanos até os mais ocultos recônditos. Sejam quais forem a importância do fim que se prossegue e as consequências do ato, o traço da natureza pode ser o mesmo; assim, por exemplo, quer sejam ministros inclinados sobre um mapa disputando-se territórios e povos, quer sejam os camponeses numa taberna discutindo por causa de um jogo de cartas ou dados, não importa absolutamente nada: assim como é indiferente jogar o xadrez com peões de ouro ou com figuras de madeira.

A música não exprime nunca o fenômeno, mas unicamente a essência íntima de todo fenômeno, numa palavra, a própria vontade. Portanto, não exprime uma alegria especial ou definida, certas tristezas, certa dor, certo medo, certo transporte, certo prazer, certa serenidade de espírito, mas a própria alegria, a tristeza, a dor, o medo, os transportes, o prazer, a serenidade do espírito; exprime-lhes a essência abstrata e geral, fora de qualquer motivo ou circunstância. E, todavia, nessa quinta essência abstrata, sabemos compreendê-la perfeitamente.

A invenção da melodia, a descoberta de todos os segredos mais íntimos da vontade e da sensibilidade humana, é a obra do gênio. A sua ação é aí mais visível que em qualquer outro assunto, mais irrefletida, mais livre de toda intenção consciente, é uma verdadeira inspiração. A ideia, isto é, o conhecimento preconcebido das coisas abstratas e positivas é, neste ponto como em toda a arte, absolutamente estéril: o compositor revela a essência mais íntima do mundo e exprime a sabedoria mais profunda numa linguagem que a sua razão não compreende; do mesmo modo que uma sonâmbula dá respostas claríssimas a respeito de assuntos sobre os quais, desperta, não tem conhecimento algum.

O que há de íntimo e inexplicável em toda música, o que nos procura a visão rápida e passageira de um paraíso familiar e inacessível ao mesmo tempo, que compreendemos e que contudo não lograríamos explicar, é ela dar uma voz às profundas e surdas agitações do nosso ser, fora de toda a realidade, e por conseguinte, sem sofrimento.

Assim como há em nós duas disposições essenciais do sentimento, a alegria ou ainda o bom humor, a aflição ou ainda a melancolia, assim a música tem duas tonalidades gerais correspondentes, o sustenido e o bemol, e conserva-se quase sempre numa ou noutra. Mas na verdade não é extraordinário que haja um sinal – o bemol – exprimindo a dor, que não seja doloroso, nem fisicamente, nem sequer por convenção, e contudo tão expressivo que ninguém se possa enganar? Por esse fato se pode avaliar a que ponto a música entra na natureza íntima do homem e das coisas. Entre os povos do Norte, cuja existência é submetida a tão rudes provas, mormente entre os russos, é o bemol que domina, mesmo na música de igreja.

O *allegro* em bemol é muito frequente na música francesa, e muito característico; é como se alguém fosse dançar com sapatos que o incomodassem.

As frases curtas e claras da música de dança de andamento rápido só parecem exprimir uma felicidade comum, fácil de atingir; o *allegro maestoso*, com as suas grandes frases, exprime um esforço grande e nobre, para um fim distante que se acaba por atingir. O adágio fala-nos dos sofrimentos de um grande e nobre esforço, que despreza toda a alegria mesquinha. O que é, porém, mais surpreendente, é o efeito do bemol e do sustenido. Não é admirável que a mudança de um meio tom, a introdução de uma terça menor em lugar de uma maior, dê imediatamente uma sensação inevitável de dor e de inquietação, de que o sustenido logo nos livra? O adágio em bemol eleva-se até a expressão da dor suprema, torna-se um queixume dilacerante. A música de dança em bemol exprime a decepção de uma felicidade medíocre, que se deveria desdenhar, dir-se-ia que nos descreve a perseguição de algum fim inferior, obtido finalmente depois de muitos esforços e aborrecimentos.

Uma sinfonia de Beethoven descobre-nos uma ordem maravilhosa sob a desordem aparente; é como um combate encarniçado, que passado um momento se resolve num belo acordo: é o *rerum concordia discors*[36] – uma imagem fiel e perfeita da essência deste mundo, que gira dentre o espaço sem pressa e sem repouso, num tumulto indescritível de formas sem número, que se dissipam incessantemente. Mas ao mesmo tempo, por meio desta sinfonia falam todas as paixões, todas as comoções humanas, alegria, tristeza, amor, ódio, medo, esperança, com infinitos cambiantes, e contudo perfeitamente abstratas, sem coisa alguma que as distinga nitidamente umas das outras. É uma forma sem matéria, como um mundo de espíritos aéreos.

---

36. A harmonia dissonante das coisas. (N.T.D.M.M.)

Depois de haver meditado longamente sobre a essência da música, recomendo o gozo dessa arte como a mais deliciosa de todas. Não há outra que atue mais diretamente, mais profundamente, porque também não há outra que revele mais diretamente e mais profundamente a verdadeira natureza do mundo. Ouvir longas e belas harmonias é como um banho de espírito: purifica de toda a mancha, de tudo o que é mau, mesquinho; eleva o homem e sugere-lhe os pensamentos mais nobres que lhe seja dado ter, e ele então sente claramente tudo o que vale, ou antes, quanto poderia valer.

Quando ouço música, a minha imaginação compraz-se muitas vezes com o pensamento de que a vida de todos os homens e a minha própria vida não são mais do que sonhos de um espírito eterno, bons e maus sonhos; de cada morte é o despertar.

A MORAL

Três graus: o egoísmo, a piedade, o ascetismo – O egoísmo não tem limites; foi para o dissimular que os homens inventaram a delicadeza, foi para o regularizar e coagir que instituíram o Estado – A piedade, único fundamento da moral, nasce do sentimento da identidade de todos os homens e de todos os seres, e deve estender-se aos animais – O ascetismo eleva-se até a renúncia voluntária, até a castidade absoluta, até a negação de querer viver. A arte é apenas uma libertação passageira; o ascetismo é a libertação definitiva; oferece a paz durável. Acordo entre os ascetas de todas as religiões e de todos os tempos

A virtude, assim como o gênio, não se ensina; a ideia que se faz da virtude é estéril, e só pode servir de instrumento, como as coisas técnicas em matéria de arte. Esperar que os nossos sistemas de moral e as nossas éticas possam tornar os homens virtuosos, nobres e santos é tão insensato como imaginar que os nossos tratados sobre estética possam produzir poetas, escultores, pintores e músicos.

Não há senão três causas fundamentais das ações humanas, e nada se faz sem elas. Temos: a) o egoísmo, que quer o seu próprio bem (não tem limites); b) a maldade, que deseja o mal de outrem (vai até a extrema crueldade); c) a piedade, que quer o bem de outrem (vai até a generosidade, à grandeza de alma). Toda ação humana depende de uma dessas três causas, ou mesmo de duas.

I
O Egoísmo

O egoísmo inspira um tal horror que inventamos a delicadeza para ocultá-lo como uma parte vergonhosa; mas ele rasga todos os véus, e trai-se em todo encontro em que nos esforçamos instintivamente por utilizar cada novo conhecimento a fim de servir a alguns dos nossos inúmeros projetos. O nosso primeiro pensamento é sempre saber se tal homem nos pode ser útil para alguma coisa. Se não nos pode servir, já não tem valor algum... Suspeitamos a tal ponto desse sentimento em nossos semelhantes que, se nos suceder pedir-lhes um conselho ou um esclarecimento, perdemos toda a confiança no que nos disserem se supusermos, por um momento, que têm aí um interesse qualquer; porque pensamos imediatamente que o nosso conselheiro quer servir-se de nós como de um instrumento; e atribuímos o seu parecer não à prudência da sua razão, mas às suas intenções secretas, por muito grande que seja a primeira, por muito fracas e distantes que sejam as segundas.

O egoísmo, por natureza, não tem limites; o homem só tem um desejo absoluto, conservar a existência, eximir-se de qualquer dor, de qualquer privação; o que almeja é a maior soma possível de bem-estar, é a posse de todos os gozos de que é capaz de imaginar, e que se esforça por variar e desenvolver incessantemente. Qualquer obstáculo que surja entre o seu egoísmo e as suas cobiças excita-lhe a raiva, a cólera, o ódio: é um inimigo que é preciso esmagar. Desejaria tanto quanto possível gozar tudo, possuir tudo; não o podendo, almejaria pelo menos dominar tudo: "Tudo para mim, nada para os outros", é a sua divisa. O egoísmo é colossal, o universo não pode contê-lo. Porque se dessem a cada um a escolha entre o aniquilamento do universo e a sua própria perda, é ocioso dizer qual a resposta.

Cada um considera-se o centro do mundo, açambarca tudo, até as próprias agitações dos impérios se consideram primeiro do ponto de vista do interesse de cada um, por muito ínfimo e distante que possa estar. Haverá contraste mais surpreendente? De um lado, esse interesse superior, exclusivo, que cada um tem por si mesmo; e, do outro, esse olhar indiferente que lança a todos os homens. Chega a ser uma coisa cômica, essa convicção de tanta gente procedendo como se só eles tivessem uma existência real, e os seus semelhantes fossem meras sombras, puros fantasmas.

Para pintar de um traço a enormidade do egoísmo numa hipérbole empolgante, cheguei a isto: Muita gente seria capaz de matar um homem para se apoderar da gordura do morto e untar com ela as botas. Só me resta um escrúpulo: será realmente uma hipérbole?

O Estado, essa obra-prima de egoísmo inteligente e raciocinado, esse total de todos os egoísmos individuais, colocou os direitos de cada um nas mãos de um poder infinitamente superior ao poder do indivíduo, e que o obriga a respeitar os direitos dos outros. É assim que são lançados na sombra o egoísmo desmedido de quase todos, a maldade de muitos, a ferocidade de alguns; a sujeição mantém-nos acorrentados, daí resulta uma aparência enganadora. Mas o poder protetor do Estado encontra-se, como às vezes sucede, sofismado ou paralisado, vê-se surgir à luz do dia os apetites insaciáveis, a sórdida avareza, a secreta falsidade, a maldade, a perfídia dos homens, e então recuamos, gritamos, como se esbarrássemos com um monstro ainda desconhecido; contudo, sem a sujeição das leis, sem a necessidade que há da honra e da consideração, todas essas paixões triunfariam constantemente.

É necessário ler as coisas célebres, a história dos tempos da anarquia, para saber o que há no íntimo do homem, o que vale a sua moralidade! Esses milhares de entes que temos à vista, obrigando-se mutuamente a respeitar a paz, são outros tantos tigres e lobos, que uma forte mordaça impede de morder. Suponha-se a força pública suprimida, a mordaça tirada, recuar-se-ia de medo ante o espetáculo que se teria à vista, e que todos imaginam facilmente; não é isto confessar quão pouco os homens se fundam na religião, na consciência, na moral, seja qual for a sua base? Todavia, é então que, em face dos sentimentos egoístas, antimorais, entregues a eles mesmos, se veria igualmente o verdadeiro instinto moral do homem revelar-se, desenvolver o seu poder, e mostrar o que pode fazer; e ver-se-ia que há tanta variedade nos caracteres morais como há variedades de inteligência, o que não é dizer pouco.

Tem a consciência origem na natureza? Pode-se duvidar. Pelo menos, há também uma consciência bastarda, *conscientia spuria*, que se confunde frequentemente com a verdadeira. A angústia e o arrependimento causados pelos nossos atos não são muitas vezes outra coisa senão receio das consequências. A violação de certas regras exteriores, arbitrárias e mesmo ridículas, desperta escrúpulos perfeitamente análogos aos remorsos de consciência. É por esse motivo que certos judeus ficarão obsediados com a ideia de terem fumado o cachimbo em sua casa ao sábado, contrariamente ao preceito de Moisés, capítulo XXXV, parágrafo 3º: "não se acenderá o lume no dia de sábado em vossas casas". Certo fidalgo, certo oficial, não se consola por haver faltado numa ocasião qualquer às regras desse código dos loucos, que se chama ponto de honra, de tal modo que mais de um, não lhe sendo possível manter a sua palavra ou satisfazer as exigências do código da honra, deu um tiro nos miolos (conheço exemplos). Todavia, esse mesmo homem violará todos os dias, com a maior facilidade, a sua palavra, contanto que não tenha acrescentado este termo fatídico, este *Schiboleth: pela honra.*

Em geral, uma inconsequência, uma imprevidência, qualquer ato contrário aos nossos projetos, aos nossos princípios, às nossas convenções, seja de que natureza forem, e mesmo qualquer indiscrição, qualquer imperícia, qualquer grosseria, deixam após elas um verme que nos rói em silêncio, um espinho enterrado no coração. Muita gente se espantaria se visse os elementos de que se compõe essa consciência, de que formam uma ideia tão grandiosa: cerca de 1/5 de medo dos homens; 1/5 de temores religiosos; 1/5 de preconceitos; 1/5 de vaidade; 1/5 de hábito; tanto valeria dizer como o inglês: *I cannot afford to keep a conscience*: Não sou assaz rico para ter o luxo de uma consciência.

Embora os princípios e a razão abstrata não sejam de modo algum a origem primitiva ou o primeiro fundamento da moralidade, são contudo indispensáveis à vida moral; é como um reservatório alimentado pela fonte de toda a moralidade, mas que não corre a todo instante, que se conserva, e no momento útil pode espalhar-se onde se torna necessário... Sem princípios firmes, os instintos antimorais, uma vez postos em movimento pelas expressões exteriores, dominar-nos-iam imperiosamente. Manter a firmeza dos princípios, segui-los a despeito dos motivos opostos que nos solicitam, é o que se chama ser senhor de si.

Os atos e o procedimento de um indivíduo e de um povo podem ser modificados pelos dogmas, pelo exemplo, e pelo hábito; mas os atos considerados em si próprios são apenas imagens vãs, é a disposição do espírito que impele a praticá-los, que lhes dá uma importância moral. Esta pode conservar-se absolutamente a mesma, embora tenha manifestações exteriores completamente diferentes. Com um grau igual de maldade, um pode morrer no cadafalso, e outro acabar o mais sossegadamente possível no meio dos seus. Pode o mesmo grau de maldade exprimir-se num povo por meio de atos grosseiros, mortes, selvageria, num outro, suavemente e em miniatura, por intrigas da corte, opressões e velhacarias sutis de toda espécie; o fundo das coisas é o mesmo. Poder-se-ia imaginar um Estado perfeito, ou mesmo, talvez, um dogma inspirando uma fé absoluta nas recompensas e nos castigos depois da morte, que lograsse evitar todos os crimes: politicamente seria muito, moralmente não se ganharia coisa alguma, só os atos seriam acorrentados e não a vontade. Os atos poderiam ser corretos, a vontade permaneceria pervertida.

II
A piedade

A piedade é esse fato admirável, misterioso, pelo qual vemos a linha de demarcação, que aos olhos da razão separa totalmente um ser do outro, desaparecer e o eu não se tornar de modo algum o eu.

Só a piedade é o princípio real de toda justiça livre e de toda caridade verdadeira. A piedade é um fato incontestável da consciência do homem; é-lhe essencialmente própria e não depende de noções anteriores, de ideias a *priori*, religiões, dogmas, mitos, educação e cultura; é o produto espontâneo, imediato, inalienável da natureza; resiste a todas as provas, e mostra-se em todos os tempos e em todos os países; em toda parte é invocada com confiança, tão grande é a certeza de que ela existe em todos os homens, e nunca é contada entre os "deuses estranhos". O ente que não conhece a piedade está fora da humanidade, e essa mesma palavra humanidade é muitas vezes tomada como sinônimo de piedade.

Pode-se objetar a toda boa ação que nasce unicamente das convicções religiosas, que não é desinteressada, que procede do pensamento de uma recompensa ou de um castigo que se espera, enfim, que não é puramente moral. – Considerando-se o móbil moral da piedade, quem ousaria contestar que em todas as épocas, em todos os povos, em todas as situações da vida, em plena anarquia, no meio dos horrores das revoluções e das guerras, nas grandes como nas pequenas coisas, todos os dias, todas as horas, a piedade não prodigaliza os seus efeitos benéficos e verdadeiramente maravilhosos, não impede muitas injustiças, não provoca de improviso mais de uma boa ação sem esperança de recompensa, e que em toda parte onde atua só reconhecemos nela, com admiração e comoção, o puro valor moral sem mistura?

Inveja e piedade, todos têm em si esses dois sentimentos diametralmente opostos; origina-os a comparação involuntária, inevitável da nossa própria situação com a dos outros; segundo essa comparação, reage sobre cada caráter individual um ou outro desses sentimentos, torna-se uma disposição fundamental e a origem dos nossos atos. A inveja só faz elevar, engrossar, consolidar o muro que se erguia entre tu e eu; a piedade, pelo contrário, torna-o delgado e transparente, por vezes derruba-o completamente, e dissipa-se, desse modo, toda a diferença entre eu e os outros homens.

Quando travamos conhecimento com um homem, não tratamos de lhe pesar a inteligência, o valor moral, o que nos levaria a reconhecer-lhe a maldade das intenções, a escassez da razão, a falsidade dos raciocínios, e só nos despertaria desprezo e aversão; consideremos, antes, os seus sofrimentos, misérias, angústias, dores, e assim sentiremos quanto ele nos toca de perto; é então que despertará a nossa simpatia e que, em lugar de ódio e de desprezo, experimentaremos por ele essa piedade, que é o único ágape a que o Evangelho nos convida.

Se considerarmos a perversidade humana e nos dermos pressa em nos indignar com ela, é preciso imediatamente lançar os olhos sobre a miséria da existência humana e, reciprocamente, se a miséria nos assusta, considerar a perversidade; achar-se-á então que se equilibram uma à outra, e reconhecer-se-á a justiça eterna; ver-se-á que o próprio mundo é o julgamento do mundo.

A cólera, embora deveras legítima, acalma-se logo perante a ideia de que aquele que nos ofendeu é um desgraçado. O que a chuva é para o fogo é a piedade para a cólera. Aconselho àquele que não deseja preparar-se remorsos que, quando pense em vingar cruelmente uma injúria, imagine sob as mais vivas cores a sua vingança já realizada, represente-se a sua vítima presa de sofrimentos físicos e morais, em luta com a miséria e a necessidade, e diga a si próprio: eis a minha obra. Se há alguma coisa no mundo que possa extinguir a cólera é com certeza esse pensamento.

O que faz que os pais tenham geralmente maior predileção pelos filhos doentes é que a sua aparência solicita incessantemente a piedade.

A piedade, princípio de toda moralidade, toma também os animais sob a sua proteção, ao passo que os outros sistemas de moral europeia têm para com eles pouquíssima responsabilidade e solicitude. A suposta ausência de direitos dos animais, o preconceito de que o nosso procedimento para com eles não tem importância moral, que não existem, como se diz, deveres para com os animais, é justamente uma ignorância revoltante, uma barbaridade do ocidente, cuja origem está no judaísmo...

É preciso recordar a esses desprezadores dos animais, a esses ocidentais judaizados, que assim como eles foram amamentados pelas mães, também o cão teve mãe que o amamentou.

A piedade com os animais está tão intimamente ligada à bondade de caráter que se pode afirmar que quem é cruel com os animais não pode ser bom.

Uma piedade sem limites para com todos os seres vivos é o penhor mais firme e seguro do procedimento moral; isso não exige nenhuma casuística. Pode-se ter a certeza de que aquele que a possui nunca ofenderá ninguém, nem lhe causará dano nos seus direitos ou na sua pessoa; pelo contrário, será indulgente para com todos, perdoará a todos, prestará socorro ao seu semelhante na medida das suas forças, e todos os seus atos terão o cunho da justiça e do amor pelo próximo. Tentem alguma vez dizer: "Este homem é virtuoso, mas desconhece inteiramente a piedade", ou então: "É um homem injusto e mau, contudo é muito sensível aos males alheios"; a contradição, nesse caso, torna-se frisante. – Nem todos têm os mesmos gostos; mas não conheço melhor súplica do que aquela com que terminam as peças antigas do teatro índio (como outrora as peças inglesas concluíam com estas palavras: "pelo rei").

É este o sentido:

"Que todos os seres vivos se conservem isentos de dores!"

III
Resignação, renúncia, ascetismo e libertação

Quando a ponta do véu de Maia (a ilusão da vida individual) se ergue ante os olhos de um homem, de tal modo que já não faz diferença egoísta entre a sua pessoa e os restantes homens, e toma tanto interesse pelos sofrimentos estranhos como pelos seus próprios, tornando-se assim caritativo até a dedicação, pronto a sacrificar-se pela salvação dos seus semelhantes – esse homem, chegado ao ponto de se reconhecer a si mesmo em todos os seres, considera como seus os sofrimentos infinitos de tudo quanto vive, e apodera-se, dessa maneira, da dor do mundo. Nenhuma miséria lhe é indiferente. Todos os tormentos que vê e tão raramente lhe são dados suavizar, todas as angústias de que ouve falar, mesmo aquelas que lhe é possível conceber, perturbam-lhe o espírito como se fosse ele a vítima.

Insensível às alternativas de bens e de males que se sucedem no seu destino, livre de todo egoísmo, penetra os véus da ilusão individual; tudo quanto vive, tudo quanto sofre, está igualmente junto do seu coração. Imagina o conjunto das coisas, a sua essência, a sua eterna passagem, os esforços vãos, as lutas íntimas e os sofrimentos sem fim; para qualquer lado que se volte, vê o homem que sofre, o animal que sofre, e um mundo que se desvanece eternamente. E une-se tão estreitamente às dores do mundo como o egoísta à sua pessoa. Como poderia ele, com tão grande conhecimento do mundo, afirmar com desejos incessantes a sua vontade de viver, prender-se cada vez mais estreitamente à vida?

O homem seduzido pela ilusão da vida individual, escravo do egoísmo, só vê as coisas que o tocam pessoalmente, e encontra aí motivos incessantemente renovados para desejar e querer; pelo contrário, aquele que penetra a essência das coisas, que domina o conjunto, chega ao repouso de todo desejo e de todo querer. Daí em diante, a sua vontade desvia-se da vida, repele com susto os gozos que a perpetuam. O homem chega então ao estado da renúncia voluntária, da resignação, da tranquilidade verdadeira, e da ausência absoluta de vontade.

Enquanto o mau, entregue pela violência da vontade e dos desejos a tormentos íntimos, contínuos e devoradores, se vê reduzido, quando se lhe esgota o manancial de todos os gozos, a saciar a sede ardente dos desejos no espetáculo das desgraças alheias, o homem penetrado da ideia de renúncia absoluta, seja qual for o seu desenlace, embora privado exteriormente de toda alegria e de todo bem, goza contudo uma aventura completa e um repouso verdadeiramente celeste. Para ele, não existe já o ardor febril, a alegria exuberante, essa alegria precedida e seguida de tantos desgostos, condição inevitável da existência para o homem que tem gosto pela vida; o que ele experimenta é uma paz inabalável, um repouso profundo, uma serenidade íntima, um estado que não podemos ver ou imaginar sem o desejarmos com ardor, porque se nos assemelha o único, justo, infinitamente superior a qualquer outro, um estado para o qual nos convidam e nos chamam o que há de melhor em nós e essa voz íntima que nos brada: *sapere aude*[37]. Sentimos então que todo desejo realizado, toda felicidade arrancada à miséria do mundo são como a esmola que hoje sustenta o mendigo, para que amanhã morra de fome, enquanto a resignação é como um bem que se herdou, que coloca para sempre o feliz possuidor ao abrigo dos cuidados.

Sabemos que os momentos em que a contemplação das obras de arte nos livra dos desejos ávidos, como se pairássemos acima da atmosfera pesada da terra, são ao mesmo tempo os mais felizes que conhecemos.

Por aqui podemos deduzir a felicidade que deve experimentar o homem cuja vontade se acha apaziguada, não por alguns instantes como no gozo desinteressado do belo, mas para sempre, e se extingue mesmo inteiramente, de modo que só resta a última centelha da luz vacilante, que anima o corpo e se extinguirá com ele. Quando esse homem, após muitos e rudes combates contra o seu próprio temperamento, acaba por triunfar completamente, apenas existe como um ser puramente intelectual, como um espelho do mundo que coisa alguma perturba. Daí em diante nada há que possa causar-lhe angústia, que consiga agitá-lo; porque os mil laços do querer que nos mantêm acorrentados ao mundo e nos atormentam em todos os sentidos com incessantes dores sob a forma de desejo, receio, inveja, cólera, esses mil laços quebra-os ele. Lança um olhar para trás, tranquilo e risonho, às imagens ilusórias deste mundo que puderam um dia agitá-lo e torturar-lhe o coração; olha para elas com tanta indiferença como para o xadrez, depois de finda a partida ou para as máscaras de carnaval que se largaram de manhã e cujas figuras lograram irritar-nos ou perturbar-nos na noite de terça-feira gorda. A vida e todas as formas passam-lhe diante dos olhos como aparição passageira, como um ligeiro sonho matutino para o homem meio desperto, um sonho que a verdade trespassa já com os seus raios e que não

---

37. Atreva-se a saber, ouse saber. (N.T.D.M.M.)

consegue nos iludir; e, assim como um sonho, a vida também por fim se desvanece, sem transição brusca.

Se refletirmos sobre como a miséria e os infortúnios são geralmente necessários para a nossa libertação, reconheceremos que deveríamos invejar menos a felicidade do que a desgraça dos nossos semelhantes. É por essa razão que o estoicismo, que afronta o destino, é na verdade para a alma uma espessa couraça contra as dores da existência e ajuda a suportar melhor o presente; mas opõe-se à verdadeira salvação porque torna o coração endurecido. E como poderia o estóico tornar-se melhor pelo sofrimento, se é insensível a ele sob a camada de pedra com que se cobre? – Até um certo grau, esse estoicismo não é muito raro. Muitas vezes não passa de uma pura afetação, de um modo de dissimular o enfado; e quando é real, provém quase sempre da pura insensibilidade, da falta de energia, de vivacidade, de sentimento e de imaginação, necessária para sentir uma dor.

Quem se mata quer a vida, só se queixa das condições sob as quais ela se lhe oferece. Não renuncia portanto à vontade de viver, mas unicamente à vida, de que destrói na sua pessoa um dos fenômenos passageiros... É precisamente porque não pode cessar de querer que cessa de viver, e é suprimindo em si o fenômeno da vida que afirma o seu desejo de viver. Porque era justamente a dor a que se subtrai, que poderia, como mortificação da vontade, conduzi-lo à renúncia e à libertação. Sucede àquele que se mata o mesmo que a um doente que, não tendo a energia precisa para deixar terminar uma operação dolorosa mas salutar, preferisse continuar doente. O sofrimento suportado com coragem permitir-lhe-ia suprimir a vontade; mas subtrair-se ao sofrimento, destruindo no corpo essa manifestação da vontade, de tal modo que ela subsiste sem obstáculos.

Poucos homens, pelo simples conhecimento refletido das coisas, conseguem penetrar a ilusão do *principium individuationis*[38], poucos homens possuidores de uma perfeita bondade de alma, de caridade universal, chegam por fim a reconhecer todas as dores do mundo como as suas próprias, para obterem a negação da vontade. Mesmo nos que mais se aproximam desse grau superior, as comodidades pessoais, o encanto fascinador do momento, a visão da esperança, os desejos incessantemente renovados são um eterno obstáculo à renúncia, um eterno incentivo à vontade; donde resulta que personificaram nos demônios infinidade de seduções que nos tentam e atraem.

---

38. Princípio da individuação (N.T.D.M.M.)

Tem portanto a nossa vontade que ser quebrada por um imenso sofrimento antes que chegue à renúncia de si própria. Quando ela percorreu todos os graus da angústia, quando após uma suprema resistência toca o abismo do desespero, o homem volta subitamente a si, conhece-se, conhece o mundo, transforma-se-lhe a alma, eleva-se acima de si mesmo e de todo sofrimento; então purificado, santificado de algum modo num repouso, numa felicidade inabalável, numa elevação inacessível, renuncia a todos os objetos dos seus apaixonados desejos, e recebe a morte com alegria. Como um pálido clarão, a negação da vontade de viver, isto é, a libertação, jorra subitamente da chama purificadora da dor.

Os próprios criminosos podem-se purificar por uma enorme dor; transformam-se inteiramente. Os crimes passados deixam de lhes oprimir a consciência; contudo, estão prontos a expiá-los pela morte e vêm de bom grado extinguir-se com eles esse fenômeno passageiro da vontade, que se lhes tem tornado estranho e como um objeto de horror. No tocante episódio de *Gretchen*, Goethe ofereceu-nos uma pintura incomparável e brilhante dessa negação da vontade causada por um imenso infortúnio e pelo desespero. É um modelo perfeito dessa segunda maneira de atingir a renúncia, a negação da vontade, não pelo puro conhecimento das dores do mundo inteiro, às quais nos identificamos voluntariamente, mas por uma dor esmagadora que nos acabrunhou.

Uma grande dor, uma grande desgraça podem nos obrigar a conhecer as contradições da vontade de viver consigo mesmo, e mostrar-nos nitidamente a inutilidade de todos os esforços. É por esse motivo que se têm visto muitas vezes alguns homens, depois de uma existência agitada de paixões tumultuosas, reis, heróis, aventureiros, mudarem subitamente, resignarem-se, arrependerem-se, fazerem-se frades ou anacoretas. É esse o assunto de todas as histórias de conversões autênticas, por exemplo a de Raimundo Lulio: um dia uma mulher que ele amava havia muito marcou-lhe enfim uma entrevista em sua casa, ele entra no quarto, louco de alegria, mas a bela, entreabrindo o vestido, mostrou-lhe um seio corroído por um medonho cancro. Desde esse momento, como se tivesse entrevisto o inferno, converteu-se, abandonou a corte do rei de Maiorca, retirou-se para um deserto, fez penitência.

A conversão de Rancé assemelha-se muito à de Raimundo Lulio. Consagrara a mocidade a todos os prazeres e vivia, por fim, com uma dama de Monbazon. Uma noite, à hora da entrevista, encontra o quarto vazio, escuro, em desordem; tropeça em qualquer coisa, era a cabeça da amante que haviam separado do tronco; morrera subitamente, e não haviam conseguido meter o cadáver no caixão de chumbo colocado ali perto. – Torturado por uma angústia sem limites, Rancé tornou-se, em 1663, o Reformador da Ordem dos Trapistas, então completamente degenerada da sua antiga disciplina; em pouco tempo elevou-a a essa grandeza de renúncia que ainda hoje vemos, a essa negação da vontade, conduzida metodicamente por meio das mais duras privações, a essa vida de austeridade, de trabalhos incríveis que penetra o estrangeiro de um santo horror, quando, entrando no convento, observa ato contínuo a humildade desses verdadeiros frades que, extenuados de jejuns, de vigílias, de orações, de trabalhos, se ajoelha diante dele, filho do mundo e pecador, pedindo-lhe a benção. É entre o povo mais alegre, mais divertido, mais sensual e mais leviano – será preciso nomear a França? – que essa ordem, única entre todas, manteve-se intacta por entre todas as revoluções, e deve-se atribuir a sua duração à seriedade profunda que não se pode deixar de reconhecer no espírito que anima e que exclui qualquer consideração secundária. A decadência da religião não a atingiu, porque as raízes dessa ordem encontram-se nas profundidades da natureza humana, bem mais do que num dogma positivo qualquer.

Desviemos os olhos da nossa própria insuficiência, da mesquinhez dos nossos sentimentos e preconceitos, para os erguermos para aqueles que venceram o mundo, para aqueles em que a vontade, levada ao pleno conhecimento de si própria, se encontrou em todas as coisas e se negou livremente e que esperam que os últimos clarões se apaguem com o corpo que os anima; vemos então, em lugar dessas paixões irresistíveis, dessa atividade sem repouso, em vez dessa passagem incessante do desejo ao receio e da alegria à dor, em vez da esperança que coisa alguma satisfaz e que nunca se sacia e se dissipa, e de que é feito o sonho da vida para o homem subjugado pela vontade – vemos a paz, superior a toda razão, esse grande mar calmo do sentimento, esse sossego profundo, essa segurança inabalável, essa serenidade, cujo único reflexo no rosto, tais como Rafael e Correggio o pintaram, é um completo evangelho no qual nos podemos fiar: só resta o conhecimento; a vontade desapareceu.

O espírito íntimo e o sentido da vida verdadeira e pura do claustro e do ascetismo em geral é nos sentirmos dignos e capazes de uma existência melhor do que a nossa, e querermos fortificar e manter essa convicção pelo desprezo de todos os vãos gozos deste mundo. Espera-se com segurança e calma o fim desta vida livre das ilusões enganadoras, para saudar um dia a hora da morte como a da libertação.

Quietismo, isto é, renúncia a todo desejo; ascetismo, isto é, imolação refletida da vontade egoísta; e misticismo, isto é, consciência da identidade do seu ser com o conjunto das causas e o princípio do universo – três disposições da alma que se ligam estreitamente; quem fizer profissão de uma é atraído para a outra, mau grado seu. – Não há nada mais surpreendente do que ver o acordo de todos aqueles que nos pregaram essas doutrinas, por entre a extrema variedade dos tempos, dos países e das religiões, e nada mais curioso do que a segurança inabalável como o rochedo, a certeza interior com que nos apresentam o resultado da sua experiência íntima.

Não é na verdade o judaísmo com a sua máxima: "Deus viu todas as coisas que havia feito, e estavam muito boas" (*Moisés*, 1:31), mas o bramanismo e o budismo, que pelo espírito e pela tendência moral se aproximam do cristianismo. O espírito e a tendência moral são o que há de essencial numa religião, e não os mitos com que ela os envolve.

Essa máxima do *Antigo Testamento* é realmente estranha ao puro cristianismo; porque em todo o *Novo Testamento* trata-se do mundo como de uma coisa a que se não pertence, que não se ama, de uma coisa que está sob o poder do diabo. Isso concorda com o espírito do ascetismo, de renúncia e de vitória sobre o mundo, esse espírito que junto ao amor ao próximo e ao perdão das injúrias marca o traço fundamental e a estreita afinidade que unem o cristianismo, o bramanismo e o budismo. É no cristianismo principalmente que é necessário sondar bem a fundo as coisas e não se contentar com as aparências.

O protestantismo, eliminado o ascetismo e o celibato, que é o seu ponto capital, atingiu a própria essência do cristianismo, e desse ponto de vista pode ser considerado como uma apostasia. Viu-se bem nos nossos dias quanto o protestantismo degenerou pouco a pouco num vulgar racionalismo, espécie de pelagianismo moderno, que se resume na doutrina de um bom pai criando o mundo para que aí se divirtam muito (no que se teria redondamente enganado); e esse bom pai, sob certas condições, promete também procurar mais tarde aos seus servos fiéis um mundo muito mais belo, cujo único inconveniente é ter uma entrada tão funesta. Isso pode ser certamente uma boa religião para padres protestantes casados e esclarecidos, mas não é esse o cristianismo. O cristianismo é a doutrina que afirma que o homem é profundamente culpado pelo único fato de ter nascido e ensina ao mesmo tempo que o coração deve aspirar à libertação, que só se pode obter à custa de grandes sacrifícios, pela renúncia, pelo aniquilamento de si próprio, isto é, por uma transformação total da natureza humana.

O otimismo não é mais do que uma forma de louvores que a vontade de viver, única e primeira causa do mundo, concede sem razão a si mesma, quando se revê com gosto na sua obra; não é só uma doutrina falsa, é uma doutrina corruptora, porque apresenta a vida como um estado desejável, e dá-lhe como fim a felicidade do homem. Em vista disso, cada um imagina que possui os mais justificados direitos à felicidade e ao gozo; se contudo esses bens, como sucede frequentemente, não lhe são dados em partilha, julga-se vítima de uma injustiça – não lhe falhou o fim da sua existência –, ao passo que é bem mais justo considerar o trabalho, a privação, a miséria e o sofrimento coroado pela morte como o único alvo da nossa vida (assim fazem o bramanismo, o budismo e também o verdadeiro cristianismo), porque todos esses males conduzem à negação da vontade de viver. No *Novo Testamento*, o mundo é representado como um vale de lágrimas; a vida, como um meio de purificar a alma; e o símbolo do cristianismo é um instrumento de martírio.

A moral dos índios tal como é apresentada do modo mais variado e mais enérgico nos *Vedas*, nos *Puranas*, pelos poetas nos mitos e nas lendas dos santos, nas suas sentenças e regras de vida, prescreve expressamente: o amor ao próximo, com absoluto desprendimento de si mesmo, amor não só limitado aos homens mas a todos os seres vivos: a beneficência levada até o abandono do salário cotidiano obtido à custa de duro e pesado trabalho; uma bondade sem limites para com aquele que nos ofende; o bem e o amor em troca do mal que nos façam por maior que seja; o perdão alegre e espontâneo para todas as injúrias; a abstinência de todo alimento animal; uma castidade absoluta e a renúncia a todas as voluptuosidades para aquele que aspira à verdadeira santidade; o desprezo pelas riquezas, o abandono da moradia, da propriedade; uma solidão profunda e absoluta, passada em muda contemplação, junto a um arrependimento voluntário e sofrimentos lentos e horríveis para mortificar absolutamente a vontade, a ponto de morrer de fome; entregar-se aos crocodilos; precipitar-se do cimo de um rochedo do Himalaia, santificado por esse uso; enterrar-se vivo; lançar-se debaixo das rodas do carro gigantesco, que passeia as imagens dos deuses, no meio de cantos, gritos de alegria e danças. E essas prescrições, cuja origem data de mais de quatro mil anos, existem ainda no maior rigor entre esse povo, por muito degenerado que se encontre hoje. Um uso mantido há tanto tempo entre tantos milhões de homens, uma prática que impõe tão pesados sacrifícios, não pode ser a invenção arbitrária de algum cérebro alucinado, deve ter raízes profundas na própria essência da humanidade. – Acrescento que não se pode admirar assaz o acordo, a perfeita unanimidade de sentimentos que se nota, se lermos a vida de um santo ou a de um penitente cristão, e a de um índio. Por meio da variedade da oposição absoluta dos dogmas, dos costumes, dos meios, dos esforços, a vida íntima de um e de outro é idêntica.

Os cristãos místicos e os mestres da filosofia vedanta concordam ainda em considerar como supérfluas as obras exteriores e os exercícios religiosos para aquele que consegue atingir a perfeição.

Tão grande acordo entre povos tão diferentes, numa época muito remota, é uma prova evidente de que não se trata aqui, como declaram os banais otimistas, de uma aberração, de um desequilíbrio do espírito e dos sentidos; pelo contrário, é um lado essencial da natureza humana, um lado admirável que raramente se encontra e que se exprime nesse ascetismo.

Assim considerando a vida dos santos, que sem dúvida raramente nos é dado encontrar e conhecer por experiência própria, mas de quem a arte nos traça a história com uma verdade segura e profunda, devemos dissipar a sombria impressão deste nada, que flutua com o último objetivo atrás de toda a virtude e de toda a santidade, e que tememos, como a criança teme as trevas, em vez de procurarmos escapar como os índios, por meio de mitos e palavras destituídas de sentido, tais como a ressorção no Brama, ou o Nirvana dos budistas. Reconheçamos: o que resta após a supressão total da vontade não é coisa alguma para todos aqueles que estão ainda cheios da vontade de viver, é o nada. Mas também para aqueles nos quais a vontade chegou a desviar-se do seu fito, a negar-se a si mesma o nosso mundo, que nos parece tão real como todos os seus sóis e as suas vias lácteas, o que é? Nada.

Pensamentos diversos

Sobre a religião, a política,
o homem e a sociedade

A religião

A morte, mãe da religião – Necessidade metafísica – Necessidade de uma fé positiva – Insuficiência prática da moral religiosa – Catolicismo – Conflito da religião com a filosofia

Não admite dúvida que é o conhecimento da morte e a consideração do sofrimento e da miséria da existência que dão o impulso mais forte ao pensamento filosófico e às interpretações metafísicas do mundo. Se a nossa existência fosse ilimitada e isenta de dores, talvez nenhum homem tivesse tido a ideia de perguntar a si próprio porque existe o mundo e se encontra constituído justamente dessa maneira; tudo se compreenderia por si mesmo. Também assim se explica o interesse que nos inspiram os sistemas filosóficos e as religiões. Esse poderoso interesse liga-se principalmente ao dogma de uma duração qualquer após a morte; e se as religiões parecem cuidar, acima de tudo, da existência dos seus deuses, e empregar todo zelo a defendê-la, é unicamente porque ligam a essa existência o dogma da imortalidade de que a consideram inseparável: só a imortalidade os preocupa. Se fosse possível assegurar de outra maneira a vida eterna ao homem, o seu zelo ardente pelos deuses esfriaria imediatamente, e daria até lugar a uma indiferença quase absoluta, desde que lhe fosse mostrada com evidência a impossibilidade de uma vida futura... Por esse motivo, os sistemas completamente céticos ou materialistas nunca hão de exercer uma influência geral ou duradoura.

Templos e igrejas, pagodes e mesquitas, em todos os tempos, pela sua magnificência e grandeza, testemunham a necessidade metafísica do homem que, forte e indestrutível, segue passo a passo a necessidade física. Poder-se-ia, é certo, querendo empregar o tom satírico, acrescentar que a primeira necessidade é modesta e contenta-se com pouco. Fábulas grosseiras, contos para dormir em pé, é quanto lhe basta muitas vezes: se as imprimirem bastante cedo no espírito do homem, essas fábulas e essas lendas tornam-se as explicações suficientes da sua existência e os sustentáculos da sua moralidade. Considere-se, por exemplo, o *Alcorão*: esse livro medíocre bastou para fundar uma religião que, espalhada pelo mundo, satisfaz a necessidade metafísica de milhões de homens há mil e duzentos anos, serve-lhes de fundamento à moral, inspira-lhes grande desprezo pela morte e entusiasmo pelas guerras sangrentas e pelas vastas conquistas. Encontramos nesse livro a figura mais triste e miserável do teísmo. Talvez tenha perdido muito com as traduções; mas não me foi possível descobrir aí um único pensamento de algum valor. O que prova que a capacidade e a necessidade metafísicas não andam a par.

Não contente com os cuidados, as aflições e os embaraços que o mundo real lhe impõe, o espírito humano crê ainda num mundo imaginário sob a forma de mil superstições diversas. Essas ocupam-no de todas as maneiras; consagra-lhes o melhor do seu tempo e das suas forças, logo que o mundo real lhe conceda um repouso que não é capaz de gozar. Pode-se verificar esse fato na sua origem, entre os povos que, colocados sob um céu puro e num solo clemente, têm uma existência fácil, tal como os índios, depois os gregos, os romanos, mais tarde os italianos, os espanhóis etc. – O homem representa demônios, deuses e santos à sua imagem; exigem a todo momento sacrifícios, orações, ornamentos, promessas feitas e realizadas, peregrinações, prosternações, quadros, adornos etc. Ficção e realidade entremeiam-se ao seu serviço, e a ficção obscurece a realidade; qualquer acontecimento da vida é aceite como uma manifestação do seu poder. Os colóquios místicos com essas divindades preenchem metade dos dias, sustentam incessantemente a esperança; o encanto da ilusão torna-os muitas vezes mais interessantes que a convivência dos seres reais. Que expressão e que sintoma da miséria inata do homem, da urgente necessidade que ele tem de socorro e de assistência, de ocupação e de passatempo! E, embora perca forças úteis e instantes preciosos em súplicas e sacrifícios vãos em vez de se proteger a si mesmo, quando surgem perigos imprevistos, não cessa contudo de se ocupar e distrair nesse exercício fantástico com um mundo de espíritos com que sonha; é essa a vantagem das superstições, vantagem da qual não se deve desdenhar.

Para domar as almas bárbaras e desviá-las da injustiça e da crueldade, não é a verdade que se torna útil, porque não lhes é dado concebê-la; é portanto o erro, um conto, uma parábola. Daí vem a necessidade de ensinar uma fé positiva.

Quando se compara a prática dos fiéis à excelente moral que prega a religião cristã e mais ou menos qualquer religião, e se representa o que seria dessa moral se o braço secular não impedisse os crimes, e o que teríamos a temer, se por um único dia se suprimissem todas as leis, há de se confessar que a ação de todas as religiões sobre a moral é, na realidade, muito fraca. Certamente a culpa é da fraqueza da fé. Teoricamente e enquanto se entregam às meditações pias, todos se julgam firmes na sua fé. Mas o ato é a dura pedra de toque de todas as nossas convicções: quando se chega aos atos e se torna necessário provar a fé por grandes renúncias e duros sacrifícios, é então que se vê surgir toda a fraqueza. Quando um homem medita seriamente num delito, abre já uma brecha na moralidade pura. A primeira consideração que em seguida o detém é a da justiça e da polícia. Se passa adiante, esperando subtrair-se-lhe, o segundo obstáculo que então se apresenta é a questão da honra. Se o transpõe, pode-se apostar que depois de haver triunfado dessas duas resistências poderosas qualquer dogma religioso não terá já a força precisa para o impedir de proceder. Porque se um perigo iminente, seguro, não assusta, como se poderá recear um perigo distante e que só se funda na fé?

Na religião dos gregos a moral reduzia-se a bem pouco, tudo se limitava quase ao respeito pelo juramento, não havia moral nem dogmas oficiais; contudo não vemos que a generalidade dos gregos fosse moralmente inferior aos homens dos séculos cristãos. A moral do cristianismo é infinitamente superior a todas as das outras religiões que jamais apareceram na Europa, mas quem poderá crer que a moralidade dos europeus melhorou na mesma proporção, ou seja, atualmente superior à dos outros países? Isso constituiria um grande erro, porque se encontra entre os maometanos, os guebros, os índios e os budistas pelo menos tanta honestidade, fidelidade, tolerância, serenidade, benevolência, generosidade, abnegação como entre os outros povos cristãos. De mais, seria longa a lista das bárbaras crueldades que acompanharam o cristianismo, cruzadas injustificáveis, exterminação de uma grande parte dos habitantes primitivos da América e colonização dessa parte do mundo com escravos negros, arrancados sem direito, sem a sombra de um direito, à pátria, à família, ao solo natal e condenados por toda a vida a trabalhos forçados, perseguição incansável dos heréticos tribunais de inquisição que bradam ao céu vingança, noite de S. Bartolomeu, execução de 18 mil holandeses pelo Duque de Alba etc., outros tantos fatos pouco favoráveis que deixam incerteza sobre a superioridade do cristianismo.

A religião católica é uma instrução para mendigar o céu, que seria muito incômodo merecer. Os padres são intermediários dessa mendicidade.

A confissão foi um pensamento feliz; porque na verdade cada um de nós é um juiz moralmente perfeito e competente, conhecendo exatamente o bem e o mal, e mesmo um santo, quando ama o bem, detesta o mal. Isso é verdade com respeito a cada um de nós, contanto que o inquérito seja aos atos de outrem e não aos nossos próprios, e que se trate apenas de aprovar e reprovar, e que os outros se encarreguem da execução. Portanto, qualquer um pode, como confessor, tomar absolutamente o lugar de Deus.

As religiões são necessárias ao povo, e são para ele um benefício inapreciável. Mesmo quando elas querem se opor ao progresso da humanidade no conhecimento do verdadeiro, é preciso desviá-las com todas as atenções possíveis. Mas exigir que um grande espírito, um Goethe, um Shakespeare, aceite convictamente *impliciter, bona fide et sensu proprio*[39] os dogmas de uma religião qualquer é exigir que um gigante calce o sapato de um anão.

Na realidade, qualquer religião positiva é usurpadora do trono que pertence à filosofia. Por isso os filósofos hão de estar sempre em hostilidade com ela, embora tenham de considerá-la como um mal necessário, um amparo para a fraqueza mórbida do espírito da maior parte dos homens.

Deus, na nova filosofia, representa o papel dos últimos reis francos com os seus mordomos-mores; é apenas um nome que se conserva para maior proveito e comodidade, a fim de se assegurar mais facilmente o caminho no mundo.

---

39. Implicitamente, de boa-fé e no verdadeiro sentido. (N.T.D.M.M.)

A política

O Estado, uma mordaça – O homem, um animal selvagem – Anarquia ou despotismo – O rei – Imprudência dos demagogos – Miséria inevitável – Bonaparte e Robespierre – Planos utopistas

O Estado não é mais do que uma mordaça cujo fim é tornar inofensivo esse animal carnívoro que é o homem, e dar-lhe o aspecto de um herbívoro.

O homem, no íntimo, é um animal selvagem, uma fera. Só o conhecemos domesticado, domado, nesse estado que se chama civilização, por isso recuamos assustados ante as explosões acidentais do seu temperamento. Se caíssem os ferrolhos e as cadeias da ordem legal, se a anarquia rebentasse, ver-se-ia então o que é o homem.

A organização da sociedade humana oscila como um pêndulo entre dois extremos, dois pólos, dois males opostos: o despotismo e a anarquia. Quanto mais se afasta de um, mais se aproxima do outro. Surge então o pensamento que o justo meio seria o ponto conveniente: que erro! Esses dois males não são igualmente nocivos e perigosos; o primeiro é muito menos para recear: em primeiro lugar, os golpes do despotismo só existem no estado de possibilidade, e, quando se traduzem em atos, só atingem um homem entre milhões deles. Quanto à anarquia, possibilidade e realidade são inseparáveis: os seus golpes ferem cada cidadão, o que sucede todos os dias. Por isso toda Constituição deve se aproximar muito mais do despotismo que da anarquia: deve até conter uma ligeira possibilidade de despotismo.

O rei, em lugar do "nós, pela graça de Deus", poderia dizer mais justamente "nós, de dois males o menor". Porque sem rei as coisas não seguiriam bem; ele é a chave de abóbada do edifício que, sem a qual, se desmoronaria.

Em toda parte, em todo o tempo, tem havido grande descontentamento contra os governos, as leis e as instituições públicas; é o resultado do estarem sempre dispostos a torná-los responsáveis pela miséria inseparável da existência humana, pois tem por origem, segundo o mito, a maldição que feriu Adão e com ele toda a raça humana. Contudo, nunca essa tendência injusta foi explorada de um modo mais mentiroso e mais impudente do que pelos nossos demagogos contemporâneos. Esses, de fato, por ódio ao cristianismo, proclamam-se otimistas: aos seus olhos, o mundo não tem fim algum fora de si mesmo, e, pela sua natureza, parece-lhes organizado na perfeição, uma verdadeira mansão de felicidade. É aos governos somente que atribuem as misérias colossais do mundo que bradam contra essa teoria; parece-lhes que, se os governos fizessem o seu dever, o céu existiria na Terra, isto é, todos os homens poderiam sem trabalho e sem cuidados comer e beber à farta, propagar-se e morrer: porque é isso o que eles entendem quando falam do progresso infinito da humanidade, de que fazem o fim da vida e do mundo, e que não se cansam de anunciar em frases pomposas e enfáticas.

A raça humana é, de uma vez por todas e por natureza, voltada ao sofrimento e à ruína; embora fosse possível com auxílio do Estado e da história remediar a injustiça e a miséria ao ponto de a Terra se tornar uma espécie de país de Cocanha, os homens chegariam a disputar por aborrecimento, precipitar-se-iam uns sobre os outros, ou então o excesso de população daria em resultado a fome, e essa os destruiria.

É extremamente raro que um homem reconheça toda a sua horrorosa malícia no espelho das suas ações. Demais, pensam realmente que Robespierre, Bonaparte, o imperador de Marrocos, os assassinos que morrem no suplício, são os únicos maus entre todos? Não veem que muitos fariam outro tanto se pudessem?

Bonaparte, falando imparcialmente, não é pior que muitos homens, para não dizer a maior parte dos homens. Apenas tem o egoísmo perfeitamente vulgar que consiste em procurar o seu bem à custa dos outros. O que o distingue é unicamente uma força superior para satisfazer essa vontade, uma inteligência mais vasta, uma razão melhor, uma maior coragem, e o acaso deu-lhe, além disso, um campo favorável. Graças a todas essas condições reunidas, realizou para o seu egoísmo o que milhares de outros bem gostariam, mas não lhes é dado fazer. Todo garoto incorrigível, que, pela maldade, procura uma pequena vantagem em detrimento dos seus camaradas, embora seja insignificante o dano que cause, é tão mau como Bonaparte.

Querem planos utopistas: a única solução do problema político e social seria o despotismo dos sábios e dos nobres, de uma aristocracia pura e verdadeira, obtida por meio da geração, pela união dos homens de sentimentos altamente generosos com as mulheres mais inteligentes e finas. Essa proposta é a minha "utopia" e a minha "república" de Platão.

O homem e a sociedade

O nosso mundo civilizado não passa de uma mascarada – Delicadeza – Amizade caricata – O cão, único amigo do homem – Orgulho e vaidade – Isolamento do gênio

As coisas passam-se no mundo como nas comédias de Gozzi, em que aparecem sempre as mesmas pessoas com idênticas intenções e idêntico destino; o assunto e os fatos diferem sem dúvida em cada intriga, mas o espírito dos acontecimentos é o mesmo, as personagens de uma peça também nada sabem do que se passou na precedente, onde contudo também eram atores: por isso, após toda a experiência das comédias anteriores, Pantaleão não se tornou nem mais destro nem mais generoso, nem Tartaglia mais honesto, nem Briguela mais corajoso, nem Colombina mais virtuosa.

O nosso mundo civilizado não passa de uma grande mascarada. Encontram-se aí cavaleiros, frades, soldados, doutores, advogados, padres, filósofos, e que mais se encontram ainda? Não são, porém, o que representam: são simples máscaras sob as quais se ocultam geralmente especuladores de dinheiro (*moneymakers*). Um afivela a máscara da justiça e do direito com o auxílio de um advogado, para ferir melhor o seu semelhante; outro, com o mesmo fim, escolheu a máscara do bem público e do patriotismo; um terceiro, a da religião, da fé imaculada. Para toda espécie de desígnios secretos, mais de um se ocultou sob a máscara da filosofia, como também da filantropia etc. As mulheres têm menos por onde escolher: servem-se, a maior parte das vezes, da máscara da virtude, do pudor, da simplicidade, da modéstia. Há também máscaras gerais, sem caráter especial, como os dominós nos bailes de máscaras, e que se encontram em toda parte: essas simulam a honestidade rígida, a delicadeza, a simpatia sincera e a amizade caricata. Quase sempre não há, como já disse, senão puros industriais, comerciantes, especuladores debaixo de todas essas máscaras. Desse ponto de vista, a única classe honesta é a dos negociantes, porque se apresentam como são e passeiam de rosto descoberto, por isso os colocaram no ponto inferior da escala.

O médico vê o homem em toda a sua fraqueza; o jurista o vê em toda a sua maldade; o teólogo, em toda a sua imbecilidade.

Assim como basta uma folha a um botânico para reconhecer toda a planta, assim como um único osso era suficiente para Cuvier reconstruir todo o animal, assim um só ato característico da parte de um homem pode fazer com que se chegue ao conhecimento exato do seu caráter, e, portanto, reconstituí-lo numa certa medida, embora se tratasse de uma coisa insigficante; nos casos importantes, os homens acautelam-se; nas coisas pequenas, pelo contrário, seguem a sua índole sem darem por isso. Se alguém, à proposta de uma bagatela, mostra pelo seu procedimento egoísta, sem a mínima consideração pelos outros, que o sentimento de justiça é estranho ao seu coração, ninguém deve confiar-lhe o mais insignificante valor sem as necessárias garantias... Segundo o mesmo princípio, é preciso romper imediatamente com essa gente que se intitula os bons amigos quando tem, mesmo nas coisas mais fúteis, um caráter mau, falso ou vulgar, a fim de evitar quaisquer partidas que possam pregar nos casos graves. Diria outro tanto dos criados: antes só que entre traidores.

Deixar transparecer a cólera ou o ódio nas palavras ou no rosto é inútil, perigoso, imprudente, ridículo, banal. Só se deve trair a cólera ou o ódio pelas ações. Os animais de sangue frio são os únicos que têm peçonha.

Delicadeza é prudência, indelicadeza é estupidez; criar inimigos inutilmente e de peito feito é loucura, é como quem deita fogo à própria casa. Porque a delicadeza é como os tentos do jogo, uma moeda manifestamente falsa; ser econômico dessa moeda é falta de espírito; ser pródigo, pelo contrário, é dar prova de bom senso.

A nossa confiança nos homens não tem geralmente outras causas senão a preguiça, o egoísmo e a vaidade: a preguiça, quando o aborrecimento de refletir, de vigiar, de proceder, nos leva a confiar em alguém; o egoísmo, quando a necessidade de falar dos nossos negócios nos impele a fazer confidências; a vaidade, quando temos qualquer coisa vantajosa a dizer a nosso respeito. Nem por isso deixamos de exigir que honrem a nossa confiança.

É prudente dar a perceber algumas vezes a todos, homens e mulheres, que se pode muito bem passar sem eles; esse fato fortifica a amizade e, mesmo junto da maior parte dos homens, não é mau mostrar de vez em quando na conversa um tal ou qual desdém a seu respeito; farão assim maior caso de nossa amizade: *chi non istima vien stimato*, quem não estima é estimado, diz um provérbio italiano. Se encontrarmos em alguém um grande valor real, devemos esconder-lhe a nossa descoberta como se fosse um crime. Isso não é precisamente divertido; mas é assim mesmo. Os cães mal suportam a grande amizade; menos ainda os homens podem fazê-lo.

O cão, o único amigo do homem, tem um privilégio sobre todos os outros animais, um traço que o caracteriza, é esse movimento da cauda tão benévolo, tão expressivo e tão profundamente honesto. Que contraste a favor dessa maneira de saudar que lhe deu a natureza, quando se compara com as reverências e as horrorosas caretas que os homens trocam como sinal de delicadeza; essa prova de terna amizade e de dedicação da parte do cão é mil vezes mais segura, pelo menos para o presente.

O que me torna tão agradável a companhia do meu cão é a transparência do seu ser. – O meu cão é transparente como o vidro. – Se não existissem cães, não gostaria de viver.

Não há nada que traduza melhor a ignorância do mundo do que alegar, como uma prova dos merecimentos e do valor de um homem, o fato de ter amigos; como se os homens concedessem a amizade consoante o valor e o merecimento, como se não fossem antes semelhantes aos cães que estimam aquele que os afaga ou lhes dá apenas ossos, sem maior solicitude. – Aquele que melhor sabe afagar os homens, embora fossem os animais mais horrendos, é esse que tem muitos amigos.

"Nem amar, nem odiar", é metade da sabedoria humana; "nada dizer e nada crer" a outra metade. Mas com que prazer se volta costas a um mundo que exige semelhante sabedoria.

Os amigos dizem-se sinceros; mas os inimigos é que o são: portanto dever-se-ia tomar-lhes a crítica como um remédio amargo, e aprender com eles a conhecermo-nos melhor.

Pode suceder sentirmos a morte dos nossos inimigos e dos nossos adversários, mesmo passado grande número de anos, quase tanto como a dos nossos amigos – é quando vemos que nos fazem falta para serem testemunhas dos nossos brilhantes sucessos.

A diferença entre a vaidade e o orgulho consiste em que este é uma convicção bem firme da nossa superioridade em todas as coisas; a vaidade, pelo contrário, é o desejo de despertar nos outros essa persuasão, com a esperança secreta de chegar por fim a convencer a nós mesmos.

O orgulho tem, pois, origem numa convicção interior e direta que se possui do próprio valor; a vaidade procura apoio na opinião alheia para chegar à estima de si próprio. A vaidade é faladora, o orgulho silencioso. Mas o homem vaidoso deveria saber que a alta opinião dos outros, alvo dos seus esforços, se obtém mais facilmente por um silêncio contínuo do que pela palavra, embora se tivessem para dizer as coisas mais lindas. – Não é orgulhoso quem quer, o mais que se pode é simular o orgulho, mas como todo papel de convenção, não logrará ser sustentado até o fim. Porque é apenas a convicção profunda, firme, inabalável que se tem de possuir qualidades superiores e excepcionais que dá o verdadeiro orgulho. Essa convicção, embora seja errônea, ou fundada apenas em vantagens exteriores, em nada prejudica o orgulho, se é séria e sincera, porque o orgulho tem raízes na nossa convicção, e não depende, assim como sucede com qualquer outro conhecimento, do nosso bel-prazer. O seu pior inimigo, quero dizer, o seu maior obstáculo, é a vaidade, que apenas solicita os aplausos alheios para formar uma alta opinião de si mesma, enquanto o orgulho faz supor que esse sentimento está já completamente arraigado entre nós. Há quem censure e critique o orgulho, esses sem dúvida nada possuem de que se possam orgulhar.

A natureza é o que há de mais aristocrático no mundo; toda diferença que a situação ou a riqueza estabelece entre os homens na Europa e as castas na Índia é pequena em comparação com a distância que, do ponto de vista moral e intelectual, a natureza marcou irrevogavelmente; e, na aristocracia da natureza como nas outras aristocracias, há dez mil plebeus para um nobre e milhões para um príncipe; a grande multidão é o todo, *plebs, mob, rabble,*[40] a canalha.

Portanto, digamo-lo de passagem, os patrícios e os nobres da natureza deveriam, como os dos Estados, misturar-se pouco com a plebe, e viver tanto mais afastados e inacessíveis quanto mais elevados são.

A tolerância, que muitas vezes se nota e se louva nos grandes homens, é sempre resultado do mais profundo desprezo pelo resto da humanidade: quando um grande espírito se compenetra desse desprezo, deixa de considerar os homens como seus semelhantes, e de exigir deles o que se exige dos semelhantes. Usa então para com eles a mesma tolerância que tem com os outros animais, aos quais não temos que censurar a sem-razão nem a bestialidade.

Quem tem uma ideia da beleza, quer física quer intelectual, não experimenta com a vista ou o conhecimento novo desse ente que se

---

40. Plebe, multidão, turba. (N.T.D.M.M.)

chama o homem, outra impressão, cem vezes contra uma, a não ser a de uma amostra completamente nova, verdadeiramente original e que nunca teria imaginado, de um ente composto de fealdade, de insipidez, de vulgaridade, de perversão, de estupidez, de maldade. Quando me encontro no meio de caras novas, recorda-me a tentação de Santo Antônio de Téniers e de quadros análagos, onde a cada nova deformidade monstruosa que se me depara admiro a novidade das combinações imaginadas pelo pintor.

É a maldição do homem de gênio, que, na própria medida em que parece aos outros grande e admirável, esses lhe parecem pequenos e mesquinhos. Contudo, tem de calar toda a vida essa opinião, como eles calam a sua. Entretanto, é condenado a viver numa ilha deserta, onde não encontra ninguém que se lhe assemelhe, e sem outros habitantes senão macacos e papagaios. E é ainda vítima da ilusão, que lhe faz tomar de longe um macaco por um homem.

Devo confessá-lo sinceramente: a vista de qualquer animal regozija-me e satisfaz-me o coração; principalmente os cães, e todos os animais em liberdade, pássaros, insetos etc. Pelo contrário, a presença dos homens excita quase sempre em mim uma pronunciada aversão; porque, com poucas exceções, oferecem-me o espetáculo das deformidades mais horríveis e variadas: fealdade física, expressão moral de paixões baixas e ambições desprezíveis, sintomas de loucura e de perversidade de todas as espécies e grandezas; enfim, uma corrupção sórdida, fruto e resultado de costumes degradantes; feliz por encontrar aí os animais.

Este livro foi impresso pela Gráfica Rettec
em fonte Minion Pro sobre papel Pólen Bold 70 g/m²
para a Edipro na primavera de 2024.